# 성심의 메시지

1990년 2월 28일 교회 인가
1990년 3월 24일 초판 1쇄 펴냄
1999년 12월 24일 개정 초판 1쇄 펴냄
2010년 5월 25일 개정 2판 1쇄 펴냄
2017년 6월 23일 개정 3판 1쇄 펴냄
2025년 2월 7일 개정 3판 9쇄 펴냄

옮긴이 · 이재현
펴낸이 · 정순택
펴낸곳 · 가톨릭출판사
편집 겸 인쇄인 · 김대영
편집 · 김소정, 강서윤, 김지영, 박다솜
디자인 · 강해인, 이경숙, 정호진
마케팅 · 안효진, 황희진

본사 · 서울특별시 중구 중림로 27
등록 · 1958. 1. 16. 제2-314호
전자우편 · edit@catholicbook.kr
전화 · 1544-1886(대표 번호)
지로번호 · 3000997

ISBN 978-89-321-1483-5  03230

값 12,000원

성경 © 한국천주교중앙협의회, 2005
가톨릭 기도서 © 한국천주교중앙협의회, 1997

이 책의 한국어 출판권은 (재)천주교서울대교구 가톨릭출판사에 있습니다.
저작권법에 의해 보호를 받는 저작물이므로 무단 전재와 무단 복제를 금합니다.

가톨릭의 모든 도서와 성물, 디지털 콘텐츠를 '가톨릭북플러스'에서 만날 수 있습니다.
https://www.catholicbookplus.kr | (02)6365-1888(구입 문의)

ISBN 978-89-321-1483-5

예수님께서 요세파 수녀에게 하신 말씀

# 성심의 메시지

이재현 신부 옮김

가톨릭출판사

Le message du Cœur de Jésus au monde et sa messagère
Sœur Josefa Menéndez
Toulouse, 1944

# 머리말

 이 책에 실려 있는 말씀은 《성심의 메시지》라는 제목에 나타나 있듯이, 예수님께서 요세파(Josefa Menendez) 수녀에게 직접 하신 말씀이다. 요세파 수녀는 스페인 사람으로 예수 성심 수녀회에 입회하여 수도 생활을 하던 중 성심의 메시지를 받아 기록하였고, 1923년 12월 29일에 33세를 일기로 선종하였다.
 예수님의 심장에서 끓어 나오는 말씀이니만큼 그 말씀의 여파와 효력이 어떠한지는 누구나 다 상상할 수 있을 것이다. 교황 비오 12세는 다음과 같이 말했다.
 "나는 예수 성심께서 당신의 겸손한 종인 요세파 수녀를 당신의 은총으로 감화시키시어 당신의 위대한 사랑이 가득 담겨 있는 책을 펴냄으로써 예수 성심의 사랑을 널리 알릴 수 있게 되어 매우 기쁩니다. 많은 사람들이 이 책을 읽고 예수 성심에 대하여 굳은 믿음을 갖게 될 것입니다. 가련한 죄인인 우리 모두가 예수 성심의 무한하신 자비를 믿고 더 깊이 사랑하게 될 것입니다."

 이 책을 읽고 기도드리면 예수님에 대한 사랑이 뜨거워지고 성심께 의탁하는 절실한 마음을 가지게 되므로, 어떤 근심이나 역경이 닥쳐도 예수 성심께 위로를 받게 된다.
 이 책이 예수 성심의 무한하신 은총을 받는 데 도움이 되기를 바란다.

# 차례

| | |
|---|---|
| **머리말** | 5 |
| **성심의 메시지** | 13 |
| 보상 | 35 |
| 사랑 | 45 |
| 신뢰 | 55 |
| **예수 그리스도의 수난** | 62 |
| 사도들의 발을 씻기시다 | 62 |
| 최후의 만찬 | 64 |
| 성체 성사와 죄인 | 66 |

## 차례

| | |
|---|---|
| 성체 성사와 헌신한 영혼 | 69 |
| 무시당하는 사랑과 성체 성사의 오묘한 이치 | 74 |
| 겟세마니 | 78 |
| 잠자고 있는 사도들 | 82 |
| 유다, 예수님을 팔아넘기다 | 86 |
| 선택받은 영혼들의 모반 | 89 |
| 베드로의 배반 | 91 |
| 감옥에 갇히신 예수님 | 94 |
| 갇혀 계신 하느님 | 98 |
| "내 나라는 이 세상에 속하지 않는다" | 99 |
| 헤로데 | 101 |
| 예수님을 매질하라고 넘긴 빌라도 | 102 |
| 조롱당하시는 예수님 | 104 |
| 중죄인 취급을 받으신 예수님 | 107 |
| 사형 선고를 받으신 예수님 | 111 |
| 양심의 가책을 느낀 유다의 죽음 | 112 |

차례

| | |
|---|---|
| 골고타에 오르시다 | 116 |
| 성모님을 만나시다 | 117 |
| 키레네 사람 시몬이 십자가를 짊어지다 | 118 |
| 십자가에 못 박히시다 | 123 |
| 예수님이 십자가 위에서 하신 일곱 가지 말씀 | 127 |
| 예수 성심의 메시지 | 132 |

## 부록 I 예수 성심 기도문     137

| | |
|---|---|
| 예수 성심 호칭 기도 | 138 |
| 예수 성심과 일치하여 바치는 봉헌 기도 | 141 |
| 예수 성심께 천하 만민을 바치는 기도 | 148 |
| 예수 성심께 바치는 기도 | 150 |
| 예수 성심께 바치는 기도(예수 성심 전교 수도회의 기도) | 151 |
| 성모 성심께 바치는 봉헌 기도 | 160 |

## 부록 II 예수 수난 및 성심 성가 모음     163

## ✸ 화살기도

- 예수 성심이시여, 당신께 의탁하나이다.

  (매번 3백 일 은사)

- 예수 성심이시여, 당신께서 저를 사랑하시는 줄 믿나이다.

  (매번 3백 일 은사)

- 예수 성심은 무궁지세에 계시나이다. 아멘.

  (매번 백 일 은사)

## ✸ 성심께서 허락하신 은혜

1. 내 성심을 공경하는 사람들의 직무에 필요한 모든 은총을 주겠다.
2. 그들의 가정에 평화를 주겠다.
3. 그들이 근심 걱정할 때 내가 그들을 위로해 주겠다.
4. 그들이 살아 있을 때와, 특히 죽을 때에 나에게 의탁하도록 하겠다.
5. 그들이 하는 사업에 풍성히 강복하겠다.
6. 죄인들은 내 성심의 무한한 자비의 샘과 바다를 얻을 것이다.
7. 냉담했던 사람은 독실해질 것이다.
8. 독실한 사람은 완덕의 길로 빠르게 나아갈 수 있도록 인도하겠다.

9. 내 성심 상본을 모시고 공경하는 가정에 강복하겠다.
10. 사제들에게는 극히 완악한 마음이라도 감화시키는 은혜를 주겠다.
11. 내 성심 공경을 전파하는 사람들의 이름을 내 성심에 새겨 지워지지 않게 하겠다.
12. 누구든지 아홉 달 동안 매달 첫 번째 금요일마다 영성체하는 사람에게는 마지막 통회의 은혜를 주어 은총 지위 중에 죽음을 맞이하게 해 주겠다.
13. 내 성심에 자신을 봉헌한 사람은 모두 영벌(永罰)을 면하게 해 줄 것이다.

### ✣ 교황의 가르침

- 예수 성심은 성교회와 온 세상의 희망이시다. 우리의 모든 불행을 해결해 주실 분은 예수 성심뿐이다.

  – 비오 9세

- 예수 성심은 우리의 유일한 희망이시며, 우리가 구원받고 기댈 수 있는 분이시다.

  – 레오 13세

- 위기 중에 있는 인류의 유일한 피난처는 예수 성심이시다.

  – 비오 10세

# 성심의 메시지

나는 사랑이다. 내 성심은 끊임없이 타오르고 있는 사랑의 불길을 제어할 수 없다. 나는 모든 영혼을 구원하기 위하여 내 생명까지 바쳤다. 이토록 나는 너희를 사랑한다.

나는 너희를 사랑하여 이 좁은 감실 안에 갇혀 있기를 원했다. 지난 2000년 동안 나는 제병 안에 숨어 망각과 고독 속에서 수많은 사람으로부터 온갖 천대와 멸시, 모욕과 저주를 받으면서도 참아 왔다.

나는 너희를 사랑하기 때문에 성체 성사 안에 늘 머물러 있는 것이다. 또 너희를 사랑하기 때문에 고해 성사를 세워 한두 번뿐만 아니라, 하느님의 은총을 다시 회복할 수만 있다면 수백, 수천 번이라도 너희를 용서하고자 했다.

나는 여기서 너희를 기다린다. 너희가 지은 죄의 얼룩을 물이 아니라, 내 피로 깨끗이 씻어 주겠다.

그동안 나는 여러 방법으로 사람들에 대한 나의 사랑을 드러내 보였고, 사람들을 구원하고자 하는 내 성심의 열의를 너희가 느끼도록 해 주었다. 이제 너희는 내 성심을 믿고, 내게서 받은 내 성심의 빛을 세상에 비추어라. 내 성심을 섬기고 사람들의 마음에 내 성심을 전하여 그들을 감화시켜서 하느님 나라를 확장시켜라.

내가 너희에 대한 사랑 때문에 내 자신을 태웠듯이, 너희도 나를 사랑하려면 너희 자신을 태워야 한다. 이것은 내가 너희에게 어떤 대가를 바라고 하는 말이 아니다. 나의 자비를 믿고, 나의 어질고 착한 성심이 너희를 용서하고 있다는 사실을 의심하지 말아 달라는 뜻이다.

나는 하느님이다. 사랑의 하느님이다. 그리고 나는 아버지다. 그러나 엄한 아버지가 아니라 따뜻하고 부드럽게 너희를 감싸 주는 아버지다.

내 성심은 한없이 거룩하고 지혜로운 마음이다. 또한 세파에 찌들고 나약한 너희를 측은히 여겨 보살펴 주지 않고는 견디지 못하는 마음이며, 너희가 죄악에 떨어졌어도 겸손하게 용서를 빌면 자비를 베풀어 주는 사랑의 마음이다.

용서를 받은 후 또다시 죄악의 구렁텅이에 떨어졌을지라도 진정으로 뉘우치고 통회하는 사람을 나는 더 사랑한다. 수천수만 번이라도 용서해 주고 내 사랑을 거두어들이지 않을 뿐만 아니라, 그 죄의 얼룩까지도 나의 성혈로 깨끗이 씻어 주겠다.

너희가 아무리 큰 잘못을 저지르더라도 나는 너희를 싫어하거나 미워하지 않으며, 오히려 나에게 달려와 의탁하기만을 바라고 있다. 너희가 불쌍할수록 내 마음은 더욱더 너그러워질 수밖에 없다. 아버지는 건강하고 튼튼한 자식보다 병들고 허약한 자식을 더 마음 아파하며 돌봐 주지 않느냐? 이처럼 내 성심도 의인들보다 죄인들을 향해 기울어져 있으며, 내 사랑과 따뜻한 정을 그들에게 더 많이 쏟아 준다.

내가 너희에게 말하고자 하는 것은 이것이다. 죄인들에게 베푸는 나의 자비심은 한도 끝도 없으며, 내 성심은 차갑고 무심한 영혼을 뜨겁게 달구는 불길임을 가르쳐 주겠다. 착하고 신심 깊은 영혼에게는 나의 성심이 완덕의 길로 나아가는 길이요, 하늘나라에 이르는 지름길임을 가르쳐 주겠다.

그리고 나를 위해 자기 일생을 봉헌한 성직자와 수도자, 그리고 특별히 선택된 영혼들이 나의 사랑을 믿고 내게 의탁하며 나의 자비심에 의심을 품지 않도록 보살펴 주겠다. 어렵게 생각하지 마라. 너희 마음을 내 마음에 쏟아붓기만 하면 된다.

내가 하는 일은 버림받고 천대받는 영혼을 돌보는 일에 그 바탕을 두고 있으며, 나는 이들을 내 사랑의 쇠사슬로 묶어 영원히 내게서 떨어지지 않게 하려고 한다.

내 성심이 너희를 얼마나 사랑하고 용서하는지 알려 주겠다. 나는 너희가 내 성심과 일치하려고 노력하고 내 성심을 위로하며, 사람들에게 나를 높이 드러내 보이려 한다는 것도 알고 있다. 너희가 스스로 나약한 존재임을 깨달아 자신을 낮추고 나에게 다가오면, 나는 지체 없이 내 성심을 너희에게 드러낸다.

너희가 나약한 것은 나에게 전혀 문제가 되지 않는다. 너희가 부족하고 나약하면, 내가 그것을 채워 주어 너희를 강하게 만들어 주겠다. 내 성심은 하느님의 은총을 잃은 수많은 영혼에게 영원한 생명을 주기 위하여 그들의 약점까지도 이용한다. 죄악에 물든 영혼들에게 나의 사랑과 자비가 한없이 깊고 넓음을 알려 주겠다. 나는 너희의 잘못을 모두 용서해 주고 싶다. 너희를 용서해 주어야만 내 마음이 안도하며 쉴 수 있다. 나는 이 감실 안에서 사랑하는 너희가 다가와 주기를 고대하고 있다. 주저하지 말고 나에게 오너라. 어서 내 품에 안겨라. 아무것도 두려워하지 마라. 나는 너희의 아버지가 아니냐?

너희에게 참생명을 주고 싶어서 너희가 나에게 속히 와 주기를 바라는 내 마음을 아는 사람이 많지 않으며, 나를 모르는 영혼들을 나에게 데려오는 방법을 알고 있는 사람도 너무 적다. 너희에게 내 사랑의 비결을 가르쳐 줄 터이니, 너희는 내 자비의 은총을 입은 본보기가 되어라. 보잘것없는 너희도 사랑해 주는데, 너희보다 더 나은 영혼들을 위해 내가 무엇인들 못하겠느냐!

어서 내 성심 안으로 들어오너라. 내 사랑의 물웅덩이 속에 잠기는 것이 보잘것없는 너희에게는 가장 안전하고 쉬운 일이다. 나는 네 마음속에 있는 보잘것없는 것들과 찌들린 것들을 모두 불살라 없앨 것이다. 나는 너희를 통하여 행동하고 말할 것이며, 너희를 통하여 나를 드러낼 것이다. 그러면 많은 영혼은 나의 뜻을 깨달아 생명을 얻게 될 것이고, 자신들이 실천한 행동에 대하여 효과를 거둠에 따라 용기백배할 것이다.

너희가 작은 희생과 인내, 그리고 가난을 실천하면 수많은 영혼을 나에게 데려올 수 있다. 나는 너희의 행실보다 마음을 본다. 아무리 사소한 일이라도 사랑으로 행하면 너희에게는 공로가 되고, 나에게는 크나큰 위로가 된다. 나의 성심은 이러한 작은 일에도 천상적 가치를 부여해 준다. 내가 원하는 것은 사랑이다. 내 성심은 사랑 외의 다른 것은 찾지 않는다. 사랑 외의 다른 것은 거들떠보지도 않는다.

자기 생활을 나의 생활과 일치시키려고 노력하는 영혼은 나를 현양하는 영혼이며, 구원 사업을 가장 열심히 하는 영혼이다. 그 자체로 보아서는 별로 가치가 없는 사소한 일일지라도, 내가 너희 영혼들을 위해 흘린 피를 생각하면서 나의 성심과 일치시켜 행동하여라.

　다시 말해서, 사소한 일들도 모두 나의 성혈에 담가 정화시켜라. 공부를 할 때나 글을 쓸 때, 빨래를 하거나 청소를 할 때, 심지어는 휴식을 취하며 거닐 때에도 나의 성심과 일치시켜 행동하여라. 이렇게 하는 것이 온 세상을 돌아다니며 복음을 전파하는 것 못지않게, 나와 일치할 수 있는 지름길이다.

　다만 이러한 일들을 자기 멋대로, 자기가 하고 싶은 대로 행동하지 말고 순명과 책임의 궤도 안에서 실행에 옮겨야 하며, 나의 성혈과 밀접히 결합하여 오로지 하느님의 영광만을 위한다는 순수한 지향을 가지고 해야 한다.

　나는 너희가 이 점을 명심하여 행동해 줄 것을 간곡히 당부한다. 너희가 행동하는 그 행위 자체에 어떠한 가치가 있는 것이 아니고, 그 일을 하는 너희 지향이 나와 밀접하게 결합될 때 그 가치가 있는 것이다. 나자렛 목공소에서 막일을 할 때나 공생활을 하며 사람들에게 하느님의 진리를 가르칠 때에도, 나는 한결같이 하느님께 영광을 드린다는 지향을 가지고 했다.

하느님의 영광을 위해 아무나 할 수 없는 버거운 일을 공공연히 드러나게 하는 사람이 많이 있다. 실제로 그들의 봉사가 나를 기쁘게 하고 위안을 주는 것은 사실이다. 그러나 아주 천한 일을 하며 내 포도밭의 유익한 일꾼 노릇을 하는, 숨어서 일하는 영혼도 많이 있다. 이들은 오로지 사랑 때문에 그 일을 한다. 사소한 행위일지라도 그들은 자신들이 하는 일을 나의 성혈에 담가, 본성을 초월한 황금으로 도금시킬 줄 아는 영혼들이다.

너희가 자기 영혼에 유익한 일이 되기를 바라면서 내 성심에 의탁하고 자신에게 주어진 직무를 사랑으로 행한다면, 너희는 값진 보배를 거두어들이는 일을 하는 것이다. 나는 이런 영혼들에게 나의 깊은 사랑을 더 많이 보여 주겠다. 나의 사랑은 무한하다. 나의 사랑을 갈망하는 영혼들이 쉽게 차지할 수 있는 것이 바로 나의 사랑이다.

나의 사랑하는 영혼들을 위해 내가 하는 말을 기록하여라. 내가 간절히 바라는 것은 너희가 완덕의 길로 나아가는 것이다. 완덕에 이르는 특수한 방법이 따로 있는 것은 아니다. 일상생활에서의 모든 행위를 나와 친밀히 결합시키는 것이 완덕으로 나아가는 지름길이다. 너희의 모든 행위를 영혼 중심적으로 변화시킨다면, 그것의 가치가 다른 무엇과 비교될 수 있겠느냐?

너희가 사랑을 가지고 일하면, 아무리 힘든 일이라도 어려움을 느끼지 않을 것이다. 그러나 사랑 없이 일하면, 모든 것이 다 귀찮고 짜증만 날 것이다. 이럴 때에는 나의 성심에 다가와 용기를 얻어라. 낙담과 실망, 권태 등 모든 잡다한 것들을 내 앞에 모두 드러내 놓아라. 그리고 그것들을 너희에 대한 사랑때문에 나 자신을 태우고 있는 불속에 집어넣고 안심하고 있어라. 그러면 그날 하루는 너희에게 매우 보람 있는 하루가 될 것이다.

나의 성심은 너희의 모든 어려움을 알고 동정한다. 너희가 나와 결합하되, 예사롭게 결합하려는 것은 싫다. 나는 이 결합이 서로 사랑하여 곁을 떠나지 않는 진정한 사랑의 결합, 영원하고도 긴밀하게 맺어지는 결합이 되기를 원한다. 대화는 늘 못하더라도 마주하고 있으면, 서로 마음을 주고 정을 줄 수 있지 않겠느냐?

너희는 내가 주는 평화와 위안 속에 있으면서, 설령 번민과 비애가 너희를 엄습해 오더라도 두려워하거나 무서워하지 마라. 나를 바라보고 있는 것만으로도 충분하다. 내가 모든 것을 파악하고 있으니, 나를 바라보고만 있어도 너희는 내 성심의 사랑을 얻을 수 있다.

나는 영혼들에게 나의 성심이 얼마나 그들을 사랑하고 있는지 말해 주려 한다. 그들에게 알려 주어라. 나는 모든 영혼이

다른 것에는 시선을 주지 않고 나만 바라보기를 간절히 바라고 있다. 제발 나의 사랑을 잘못 이해하여 내 사랑을 예사롭게 여기는 일이 없기를 바란다. 나의 성심을 사랑하는 것은 어려운 일도, 거북스러운 일도 아니다. 감미롭고도 쉬운 것이 바로 내 사랑이다.

이 사랑의 높은 단계에 오르려고 어떤 특별한 일을 할 필요는 없다. 너희의 크고 작은 행위를 순결한 지향으로 나의 성심과 친밀하게 결합시키면 된다. 그 외 다른 것은 나의 성심이 다 해 줄 것이다.

나의 성심은 사랑의 깊은 못(池)이며 자비의 깊은 못이다. 나는 알고 있다. 아무리 복을 많이 타고난 영혼일지라도 예외 없이 각자의 어려움과 고통이 있다는 것을……. 나는 이들의 보잘것없는 행실도 세상을 구원하려는 나의 사랑과 자비의 못에 적셔 주고 싶다.

너희가 모두 먼 미지의 세계로 진출하여 나의 복음을 전파할 수는 없다. 그러나 너희는 모두 나의 성심을 사람들에게 알려 그들이 나를 사랑하게 만들 수 있다. 그리고 너희는 서로 도와 하느님에게 간택받은 사람들의 수를 배가시켜야 하며, 나의 사랑과 자비로 많은 영혼을 멸망의 길에서 구해 내야 한다.

내가 지시하는 대로 행하여라. 내가 선택한 너희는 사랑과 희생으로 내 은총을 세상에 부어 수많은 영혼을 죄악으로부터 구해야 할 책무를 지니고 있다. 정말 이 세상에는 온갖 위험과 죄악이 득실거리고 있다. 죄악에 얽매여 너희 도움이 필요한 사람이 얼마나 많이 있는지 아느냐?

다시 한번 당부하겠다. 선택받은 너희가 하루를 무익하게 보내면, 너희 자신이나 다른 영혼들에게 얼마나 큰 손실을 주게 되는지 아느냐? 매일 노력하고 실천해야 비로소 너희의 아름다운 생명이 은총으로 충만해질 수 있다. 그러니 아무리 너희 생활이 불완전하다 할지라도, 너희의 삶의 모두 나에게 바쳐라.

내가 얼마나 간절하게 너희를 부르고 있는지 아느냐? 나에게는 영광이 되고 너희에게는 유익이 되게 하려고, 너희의 하루하루를 다 나에게 바치라는 것이다. 간절한 나의 말을 알아듣는 이도 많지만 알아듣지 못하는 이도 많으니, 참으로 안타까운 노릇이다.

너희를 향한 나의 사랑은 여전히 깊고 그침이 없다. 나의 사랑은 너희의 작은 일에도 나의 신성한 가치를 부여해 주어 너희 일상생활에 유용하게 하려고 한다. 비록 너희가 감당하기 어려운 역경 속에 헤매면서 쓰라린 고통을 당하고 죄악에 떨어진다 하여도, 너희를 향한 나의 사랑을 멈추게 할 수는 없다.

사실 너희는 시련에 부딪치고 가련한 처지에 떨어져야만 자신이 미약한 존재라는 것을 깨닫고 겸손해진다. 자신이 사도로서 자격이 없는 사람이라고 느끼고, 타인을 완덕의 길로 인도하는 데 부족한 사람이라고 느낄 때 비로소 자기 자신을 낮추게 된다.

자신의 나약함을 겸손되이 승복하고 나에게 달려오려고 힘쓰지 않았던 점에 대하여 나에게 용서를 빌어라. 나의 성심에 힘과 용기를 달라고 간청하여라. 그러면 내 성심은 너희를 사랑의 눈으로 보아 줄 것이고, 너희가 하는 일에 풍성한 열매를 맺게 해 줄 것이다.

매일 노력하고 희생하면서도 흔쾌히 실행하지 못하는 영혼들도 있다. 이러한 영혼들의 생활은 약속만 하고 진실한 실천이 없는 빈껍데기뿐인 생활이다. 실천에 옮기려는 마음도 없고, 나의 사랑을 증거하겠다는 열의도 없이 약속만 남발하는 자들에게 나는 이렇게 말하련다.

"내가 창고에 쌓아 둔 너희 곡식을 불로 태워 버리거나, 바람으로 휩쓸어 날려 버릴지 모르니 항상 조심하라."

나는 이런 영혼들을 사랑한다. 나에게 자기 사랑을 드러내 보여 주고 싶어하는 영혼, 어떠한 경우에든 자신을 버리고 기꺼이 희생을 감수하겠노라고 약속하는 영혼. 그러나 자신의 타고난 성격, 환경, 건강 등 여러 가지 요인들 때문에 나와 맺었던 약속을 지키지 못하는 경우도 있다.

이럴 때에 자신을 낮추고, 자신의 허약함을 인정하며 용기를 내어 나에게 용서를 비는 영혼, 잘못을 인정한 후 나의 성심에 의탁하고, 자신을 완전히 내게 맡기며 새롭게 굳은 결심을 하면서 즐거운 마음과 사랑하는 마음으로 보속하는 영혼, 이러한 영혼들이 진정으로 나를 현양하는 영혼이다. 그래서 나는 나약하여 잘못을 저지르는 영혼들을 더 소중하게 여긴다. 그들은 잘못을 저지르고 난 후에 더욱더 정진하여 나를 섬기기 때문이다.

나의 성심은 너희의 약점 때문에 상처 받지 않는다. 내가 너희에게 요구하는 것은 나에 대한 완전한 신뢰다. 너희가 겪는 어떠한 고초나 역경을 나는 문제시하지 않는다. 내가 원하는 것은 사랑이다. 나의 사랑은 모든 것을 하느님의 것으로 변화시키기 위해 자비를 베풀어 너희의 과오와 잘못을 용서한다.

나의 성심은 완전한 사랑 자체다. 나의 성심을 태우는 사랑의 불길은 너희가 지니고 있는 온갖 장애와 어려움을 불살라 없앨 것이다. 나는 용서하기 위해 너희에게 가까이 가고 있다.

나의 평화를 이 세상 어느 곳에나 빈틈없이 내려보내고 싶다. 나의 사랑 사업의 목적은 평화를 실현시키는 데 있다. 나는 이 사업을 통해 자신의 죄과를 뉘우치고 보속하는 영혼들을 용서하고, 그들에게 용서받기에 합당한 희생을 제시해 준다.

이 세상에는 나의 성심과 자신들의 마음을 일치시키려고 노력하는 영혼이 많다. 자신이 소유하고 있는 모든 것을 내 뜻대로 처분하라면서 나에게 후덕한 마음을 바치는 영혼들도 있다.

너희가 나를 알고 나에게 가까이 오고 싶으면, 나와 함께 고통을 받아야 한다. 고통을 감수해야만 사랑을 위한 싸움에서 승리할 수 있기 때문이다. 나는 내 사랑의 힘으로 너희의 마음을 얻고자 한다. 나는 너희가 내 사랑의 참빛을 받아 주기를 바란다.

어른들의 무관심 속에 나를 알지 못하고 자라는 아이들, 자기 영혼이 얼마나 소중한지 모르는 아이들을 생각하면 마음이 아프다. 천진난만한 이 작은 영혼들이 나를 믿고 내 계명을 경외하며, 내 성심을 사랑하면서 커 간다면 내가 얼마나 기쁘겠느냐? 나는 모든 아이들이 내 성심을 사랑하며, 나를 배울 수 있도록 양육되기를 간절히 바란다.

내가 이 세상에 내 사랑의 불을 지피면, 너희는 나의 사랑이 활활 타오를 수 있도록 불쏘시개가 되어라. 그 불이 계속 타오를 수 있게 계속 지펴 주어야 한다. 불길이 금방 사그라들거나 죽어 버린다면 무슨 소용이 있겠느냐? 그러므로 쉴 새 없이 정성을 다하는 사랑이 있어야 한다. 모든 것을 나에게 의탁하며 사랑에 불타는 영혼들로 사슬을 만들어라. 그리고 타오르는 내 사랑의 불꽃으로 온 세상을 밝혀라.

내가 너희에게 십자가 외에 다른 것을 말하려 한다고 착각하지 마라. 내가 십자가로 이 세상을 구원하지 않았느냐? 믿음과 진리와 사랑, 이 모든 것의 중심은 십자가다. 십자가 없이는 믿음이든, 진리든, 사랑이든, 아무런 의미가 없다. 죄악은 나를 짓밟는 행위이며 십자가에서 내가 당한 고통을 모독하는 행위이므로, 무한한 대가를 치러야 한다는 것은 너희도 이미 잘 알고 있을 것이다.

너희가 나의 구원 사업을 하면서 고통을 겪게 되면, 십자가 위에서 당한 나의 고통을 생각하고 나의 성심에 너희 고통을 일치시키도록 노력하여라. 나의 성심에 가까이 접근하려는 영혼들에게 사랑과 신뢰를 심어 주고, 그 영혼들을 내 사랑으로 씻어 주고, 어질고 착한 내 성심에 깊이 잠기게 하여라. 그리고 기회가 있을 때마다 그들에게 내가 사랑의 하느님임을 일러 주어, 나를 무서워하지 않게 하여라.

나는 너희에게 특별히 이 세 가지를 당부하겠다.

첫째, 성시간을 행하라. 성시간을 행하는 것은 하느님의 아들인 나를 중개자로 삼아 하느님의 무한하신 자비에 보답할 수 있는 방법이다.

둘째, 나의 오상을 극진히 섬기는 마음으로 주님의 기도를 다섯 번 바쳐라. 모두가 이러한 신심으로 기도를 드린다면 이 세상은 구원받을 수 있다.

셋째, 너희가 하고 있는 일과 모든 행위를 나의 성심에 항상 일치시키려고 노력하라. 나는 내 성심과 일치된 너희의 모든 행실에 무한한 가치를 부여하겠다.

항상 내 성심과 성혈 그리고 내 생명을 너희 사업에 이용할 것이니, 두려워하지 말고 내 성심에 의탁하여라. 많은 영혼이 이러한 비결은 잘 알지 못하고 있다. 나는 너희가 이를 실천에 옮겨 너희의 신심 생활이 진일보하기를 바란다.

이제 나는 죄인들과 이 세상에 나를 알리기 위해 자신을 봉헌한 영혼들에 대하여 말하고자 한다. 이들 중에는 나의 깊은 사랑을 알지 못하는 영혼이 많다. 그들은 멀리 떨어져 살아 별로 정을 느끼지 못하는 사람들처럼 나를 대하며, 나에 대한 신뢰심도 없는 것 같다. 이 영혼들이 확고한 신앙과 사랑으로 나와 친밀하게 생활한다면 얼마나 좋겠느냐!

가정에서 아버지의 심정을 가장 잘 아는 사람은 보통 맏아들이다. 따라서 아버지는 맏아들을 가장 신뢰한다. 그 외의 자녀들은 맏아들처럼 아버지의 마음을 속속들이 알지 못하는 경우가 많다. 또 아버지가 죽으면, 아버지의 유지를 동생들에게 알려 주는 것은 맏아들이 할 일이다.

나의 성교회에도 맏아들 노릇을 하는 영혼들이 있다. 나와 내 교회를 위해 특별히 선택된 영혼들이 바로 나의 맏아들이다.

사제 서품이나 수도 서원으로 자신을 바친 영혼들이 바로 내 곁에 가장 가까이 있는 영혼들이며, 특별한 은총을 받고 있는 영혼들이다. 그들은 내 자녀들을 직접, 간접적으로 가르치고 인도하여, 내가 바라는 것을 그들에게 전해 주는 역할을 한다.

이 선택받은 영혼들이 진정으로 나를 안다면 나를 사람들에게 알릴 것이고, 또 나를 진정으로 사랑한다면 사람들이 나를 진정으로 사랑하도록 만들 것이다. 그러나 만일 선택받은 영혼들이 나를 잘 알지 못하고 진정으로 사랑하지 않는다면 어떻게 다른 영혼들을 가르칠 수 있으며, 또 어떻게 나를 사랑하게 만들 수 있단 말이냐? 나는 이런 영혼들에게 묻는다.

"잘 알지 못하는 사람을 어떻게 사랑할 수 있겠느냐? 사이가 벌어져 서먹서먹한 사람과 어떻게 서로 친밀하게 이야기를 나눌 수 있겠느냐? 신뢰하지도 않는 상대와 어떻게 정답게 이야기할 수 있겠느냐?"

내가 특별히 선택한 영혼들의 주의를 다시 한번 환기시키겠다. 어떤 새로운 것을 이야기하려는 것이 결코 아니다. 이들의 신앙과 나에 대한 사랑, 그리고 나에 대한 신뢰심을 더욱더 견고하게 하기 위해서다.

나는 이들이 자신들 안에 나를 친밀하게 받아들이고, 자신들 안에서 나를 발견하기를 바란다. 이들은 자신들이 은총 지위에 있어야만 내 성심이 머물 수 있는 궁전이 될 수 있다는 사실을 잘 알고 있다. 너희는 나를 하느님으로 알고, 또한 사랑의 하느님으로 인식하고 있어야 한다. 내가 무서운 하느님이 아니라, 너희를 사랑하는 하느님이라는 것을 믿고 항상 유념하기 바란다.

어떤 영혼들은 삶이 순탄하고 행복할 때는 나에게서 사랑받고 있다고 여기나, 역경과 고통이 닥치면 나의 사랑이 변했다고 생각하여 근심 걱정한다. 이러한 영혼들은 나의 성심을 전혀 헤아릴 줄 모르는 이들이다. 너희가 가련하고 미약하기 때문에 잘못을 저질렀어도 나의 자비심이 너희에게 끌려가게 되는 것이다.

자신의 나약함과 무능을 깨닫고, 겸손하게 자신을 숙이고 나의 성심을 믿고 다가오면, 죄를 범하기 이전보다 더 나를 현양하는 것이라는 점을 잊지 마라. 자신을 위해서 기도할 때나 남을 위해 간절히 청할 때도 마찬가지다. 너희가 나의 성심을 의심하여 머뭇거리면서 나에게 기도하는 것은 나의 성심을 욕되게 하는 행위다.

 백인 대장이 자기 종을 낫게 해 달라고 내게 와서 간청할 때 "주님, 수고하실 것 없습니다. 저는 주님을 제 지붕 아래로 모실 자격이 없습니다. 그래서 제가 주님을 찾아뵙기에도 합당하지 않다고 여겼습니다."(루카 7,6-7)라고 말하며 무척 겸손하게 처신했다. 그러고는 신앙과 신뢰심이 충만하여 "그저 말씀만 하시어 제 종이 낫게 해 주십시오."(루카 7,7)라고 했다. 바로 이런 사람이 나의 성심을 제대로 아는 영혼이다. 그는 자신이 바라는 바를 내게 간청하면, 내가 거절하지 못한다는 것을 잘 알고 있었다. 이 백인 대장이 바로 나를 크게 현양시킨 사람이다. 왜냐하면 자신을 낮추는 겸손과 나에게 완전히 의탁하는 신뢰심을 가지고 나에게 간청했기 때문이다.

 그러나 나는 이 백인 대장보다 내가 선택한 너희에게 더 많이 내 성심을 드러내 보여 주고 있다. 나에 대한 진정한 신뢰심이야말로 선택받은 너희 자신뿐만 아니라, 다른 영혼들이 무한하신 하느님의 은총을 얻을 수 있는 길이다. 따라서 선택받은 너희는 나를 모르고 있는 가련한 영혼들에게 나의 성심을 알려 주기 바란다.

 나를 위해 일생을 바친 영혼들 중에도 참된 신뢰심을 지닌 사람은 그다지 많지 않다. 그들 중에 나와 친밀하게 결합하여 생활하는 영혼이 많지 않기 때문이다. 너희가 생활 중에 나와 친밀하게 결합하여 새로워지기를 내가 얼마나 간절히 원하는지 깨닫기 바란다. 감실 앞에서 나와 대화하는 것만으로 충분하다는 생각을 버려라.

나는 감실 안에 있다. 정말이다. 그리고 너희 한가운데 있다. 너희와 결합하여 하나가 되는 것이 나의 유일한 낙이다. 무엇이든 나에게 말하고, 무슨 일이든 나의 의견을 물어서 행동하며, 모든 것을 나에게서 찾으려 한다면, 나는 너희에게 생명을 주기 위해 너희 안에 살면서 힘이 되어 주겠다. 어서 내 사랑에 응답하여라!

많은 영혼이 아침마다 기도를 드리고 있다. 사랑의 회견 형식에 불과한 기도를 바치고 있다. 미사에 참례하고 성체를 받아 모시지만 일단 성당 밖으로 나오면 나에게 거의 말도 걸지 않고, 세상사에 휩쓸려 정신을 잃고 있지 않느냐?

내가 이런 영혼들 안에 머물러 있는 것은 아무도 없는 허허벌판에 서 있는 것과 다름이 없다. 이런 영혼들은 나에게 말도 걸지 않으며, 나에게 아무것도 부탁하지 않는다. 제 영혼이 위로받고 싶을 때 자기 영혼과 가장 가까이 있는 창조주인 나에게 의탁하지 않고, 같은 처지에 있는 피조물에게만 청탁한다. 이런 영혼들은 나와 친밀하게 결합되지 않은 영혼들이며, 나와 결합하여 생활할 의사가 전혀 없는 영혼들이다. 사랑이 없다는 것을 단적으로 보여 주고 있질 않느냐?

나에게 자신을 봉헌한 영혼들아! 나와 하나가 된 삶을 살면서 나를 위로하고, 나의 성심을 상하게 한 모든 사람의 죄과를 대신 보속하라고 내가 얼마나 특별한 방법으로 너희를 선택했던가! 나는 너희가 나의 성심을 세세히 헤아려 나의 속정을 체득하고, 힘닿는 데까지 나의 바람을 실현시켜 주기 바란다.

사람들은 밭을 갈고 잡초를 뽑아 농사를 다 지을 때까지 수고와 노력을 아끼지 않는다. 이와 똑같이 내가 선택한 너희는 열과 성을 다하여 나의 뜻을 실현시키도록 노력하여라. 너희가 수고하면 할수록 나의 영광은 더욱더 빛이 날 것이니, 세상의 죄악을 보속하기 위해 어떠한 고통이 닥치더라도 좌절하지 말고 그 의지가 꺾이지 않도록 하여라.

나에게 일생을 바친 영혼들을 위한 나의 뜻을 더 기록하여라.

사제와 수도자들은 나와 친밀히 결합하여 살라고 내가 특별히 부른 영혼들이다. 나의 바람을 알고 나의 즐거움과 근심을 함께 나누며 생활하는 것이 너희가 해야 할 바며, 나의 영광을 위해 그 어떠한 수고와 고통도 감내하면서 일하는 것이 너희가 할 바다. 또한 수많은 영혼들의 죄악을 기도와 헌신으로 대신 보속하는 것이 너희가 해야 할 일이다. 그러나 무엇보다 너희가 염두에 두고 노력해야 할 일은 다른 영혼들보다 더 나와 친밀히 결합하여 나를 외롭게 버려두지 않는 것이다.

아! 나의 이 말뜻을 알아듣는 이들이 너무 적고, 나와 함께 살며 나를 위로하는 일이 자신들의 의무인 것을 잊고 있는 이들은 너무 많다. 모든 영혼이 나의 성심 안에서 하나가 되기 위해 사랑의 동맹을 맺고 서로를 용서하며, 다른 영혼들이 하느님의 진리를 깨닫고 광명의 길로 나가게 해 달라고 기도하는 일이 너희가 해야 할 일이다.

나에게 선택받은 영혼이 나의 구원 사업에 동참하기 위해 자신을 봉헌할 때에는, 나에 대한 완전한 신뢰심을 가지고 해야 한다. 나는 나에게 의탁하여 기도하는 영혼들의 청을 거절하지 못하고, 언제나 깊은 온정으로 응답한다.

너희가 나의 성심과 결합하여 생활하려고 애쓰고, 무슨 일이든지 나와 대화를 통해 상의해 주었으면 좋겠다. 너희의 모든 행동을 나의 공로에 일치시키고, 나의 성혈에 흠뻑 적셔 주고 싶다. 다른 영혼들을 구원받게 하고 나의 영광을 드높이기 위해 너희가 자기 생명까지도 희생하기를 원한다.

자신의 나약함 때문에 용기를 잃어서는 안 된다. 나의 공로와 성혈의 위력을 믿고, 항상 즐거운 마음을 갖도록 하여라. 너의 힘만으로는 나의 대사업을 감당하기 어려울 것이다. 그러나 나의 영광을 위하고, 나의 이름으로, 나와 함께 한다면, 어떠한 어려움이 있어도 감당해 낼 수 있을 것이다. 너희가 보속하겠다는 원의를 다지고 내 나라가 온 세상에 펼쳐지도록 굳은 신뢰심을 가지고 기도한다면, 아무것도 두려울 것이 없다.

오로지 나에게 바라고, 나에게 의탁하여라. 너희가 죄인들을 위해 열정과 사랑으로 자신들을 불살라 준다면, 또한 죄인들을 동정하여 그들을 위해 기도하고 어진 마음을 베풀어 준다면, 나의 사랑, 나의 자비, 나의 선함을 온 세상 사람들에게 널리 퍼뜨려 준다면 나는 더 이상 바랄 것이 없다.

사도직을 수행할 때 너희 자신을 과신하지 말고, 기도와 고행을 통하여 내 성심의 능력과 자비를 신뢰하며 행동하여라.

"주님, 제가 하는 모든 일을 주님의 거룩한 이름으로 행하겠사오며, 또한 당연히 해야 할 일로 믿겠나이다."

이 말은 비록 미천하고 무식했지만 하느님으로부터 지혜를 부여받고, 하느님의 풍성한 은총을 받은 나의 사도들이 한 기도다.

나는 너희에게 보상, 사랑, 신뢰를 요구한다.

## ✤ 보상

"보상은 천상 구속자와 하나가 되기 위해 정진하는 생활을 말합니다. 그분의 사랑과 뜻에 친밀히 결합하여 보상(보속)의 정신으로 생활하며, 그분을 위해, 그분과 함께, 그분 안에서 일하는 것입니다."

사랑하는 영혼들아, 나는 쉬기 위해 너희에게 다가간다. 그러나 내가 너희에게 받는 사랑은 너무 빈약하구나! 나는 사랑을 갈구하나, 너희는 나에게 배은망덕만 준다. 나를 진정으로 사랑하는 사람은 많지 않다.

내가 너희에게 부탁하려는 것은 내가 너희를 필요로 할 때, 내 성심에 들어와 나를 위로해 줄 준비를 항상 하고 있어 달라는 것이다. 충직한 영혼들이 나를 위로하면, 냉정하고 무관심한 영혼들로부터 받은 푸대접 때문에 생긴 나의 섭섭한 마음이 풀어질 것이다.

언젠가는 너희가 내 성심의 고통을 이해하고 깨달을 날이 있을 것이다. 너희가 나의 고통에 동참하면, 나는 크나큰 위로를 받는다. 고통을 무서워하거나 두려워하지 마라. 나는 언제나 너희와 함께 있다.

내가 너희를 춥게 버려둘 때는, 다른 영혼을 뜨겁게 하기 위해 너희의 열성을 취할 때다. 내가 너희를 고통 중에 버려둘 때는, 죄인들을 벌하시려는 하느님의 의노를 너희가 받고 있는 고통으로 누그러뜨려 하느님과 화해시키려 할 때다. 부족하지만 한결같은 사랑을 나에게 바치면, 그때가 바로 내 성심이 가장 큰 위로를 받는 때다.

내가 너희를 고독 속에 버려두어도, 너희가 행하는 작은 사랑의 행위는 나에 대한 사람들의 배은망덕을 보상하는 것이 된다. 내 성심은 너희 사랑의 행위를 헤아려 향기로운 향으로 피어오르게 할 것이다.

너희의 영혼을 나에게 다오. 매사 나를 사랑하는 마음으로 행동하라는 것뿐, 다른 것을 요구하지 않겠다. 모든 것을 사랑으로 하여라. 참는 것도 사랑을 위해 참고, 일하는 것도 사랑으로 하여라. 무엇보다 너희 자신을 내 사랑에 완전히 맡겨라.

너희가 위로받고 싶을 때는, 내 사랑의 손에서 직접 받아라. 고통스럽고 외롭게 느껴지면, 나를 사랑하기 때문이라고 생각하고 달게 참아 받아라. 나는 너희를 지치고 병약한 사람들의 지팡이로 삼으려 한다. 나는 너희를 소유하고 철저히 포위하여, 완전히 소모시키려 한다.

내 말을 잘 새겨들어라. 금은 불속에서 정련된다. 이와 마찬

가지로 너희 영혼은 고통 중에서 정련되고 강해지며, 이렇게 함으로써 유혹과 시련을 견뎌 낼 수 있게 된다. 또한 고통과 시련을 겪어야 너희뿐만 아니라 다른 영혼들도 강건해질 수 있는 것이다. 내 성심에 들어와 내 성부의 영광을 위하여 타는 나의 열정을 배워라.

너희가 고통을 참음으로써 내 영광을 현양하고 다른 영혼들을 구할 수 있다면, 그 고통을 두려워하지 마라. 영혼은 참으로 소중하고도 귀한 존재다. 영혼 하나를 구하겠다는 각오로 수많은 고통을 참아 받아야 한다.

나와 나의 십자가는 따로 떼어 놓을 수 없다. 너희가 나를 보는 것은 나의 십자가를 만나는 것이며, 나의 십자가를 보는 것은 곧 나를 만나는 것이다. 나를 사랑하는 영혼은 나의 십자가를 사랑하는 영혼이요, 십자가를 사랑하지 않는 영혼은 나를 사랑하지 않는 영혼이다. 따라서 십자가를 가슴으로 받아들이지 않고는 영생을 얻지 못할 것이다.

덕행을 쌓아 성덕의 길로 나아가는 길에는 자기 자신을 끊어 버리는 희생과 고통이 따르기 마련이다. 흔쾌히 십자가를 받아들이는 영혼은 광명의 길을 따라 생명의 길로 가는 영혼이다. 또한 비탈길이 없고, 미끄러지는 일이 없는 곧고 바른 생명의 지름길을 가고 있는 영혼이다. 십자가는 참삶의 문이며, 십자가를 사랑하는 영혼은 이 문을 통해 찬란한 영생을 얻을 것이다.

십자가가 얼마나 존귀한지를 알고 있느냐? 십자가를 절대로 무서워하거나 두려워하지 마라. 너희에게 십자가를 지워 주는 이는 바로 나다. 나는 너희에게 십자가를 지워 주고 너희를 그냥 버려두지 않는다. 나는 너희가 견뎌 낼 수 있도록 항상 힘을 준다. 나는 너희를 사랑하는 마음으로 그 무거운 십자가를 지고 갔다. 너희도 나를 사랑하는 마음으로 십자가를 지고 가거라.

너희는 내가 십자가에 못 박혀 죽기까지 하면서, 이 세상에 생명을 주고 싶어했던 나의 성심을 바라보아라. 선택받은 너희도, 너희의 구세주이며 스승인 나를 본받아 이 세상에 광명과 생명을 전하기 위해 십자가에 못 박히라는 나의 명령에 절대 복종해야 한다. 내가 너희에게 내리는 최상의 상급(賞給)은 너희를 나의 사랑과 자비의 희생물로 삼는 것이다. 그래야만 너희도 죄인들을 위해 스스로 희생 제물이 된 나와 일치할 수 있다.

너희가 무슨 일을 어떻게 해야 나에게 위로가 되는지 알고 있느냐? 나를 사랑하고 다른 영혼을 위해 고통을 달게 참아 받으며, 내가 너희에게 요구하는 것을 거부하지 마라. 또한 하느님의 의노를 진정시키기 위해 내 고난을 계속할 영혼들을 내가 아쉬워하며 찾고 있다는 사실을 잊지 마라. 나는 나의 길을 따르는 너희를 계속 지지하고 성원하겠다.

　너희가 어느 죄인의 회개를 위해 진정한 마음으로 기도를 드리면, 그 죄인은 죽을 때라도 회개하게 될 것이다. 너희가 이러한 기도를 내게 바치면, 내 성심의 상처는 보상받게 된다.
　기도하면 잃는 것이 없다. 한편으로는 세상의 죄악 때문에 모욕을 받은 나의 성심에 보상할 수 있으며, 다른 한편으로는 나의 자비를 얻을 수 있다. 만일 그 죄인이 나의 자비를 받아들이지 않는다면, 그 자비를 받아들일 자세가 되어 있는 다른 영혼에게 베풀어질 것이다.
　현재의 삶과 후세의 영원한 생명까지 나에게 바쳐 나에게 영광을 돌리고, 멸망에 임박한 영혼들을 회개시켜 나에게 영광을 바치게 하려고 특별히 부름 받은 영혼들도 있다. 이런 영혼들은 나의 영광에 손실이 없게 하기 위해, 다른 영혼들의 죄를 대신 보속하는 의로운 영혼들이다.
　모든 영혼을 사랑하는 나의 정은 깊고 지대하여, 영혼들이 내게서 멀어질 때면 나는 목숨이 끊어질 듯한 아픔을 느낀다. 내 영광을 손상했다고 해서가 아니다. 그들이 제 손으로 만들어 놓은 불행 때문이다.
　영혼들아, 너희가 파멸의 길로 들어가니 내 성혈은 쓸모없게 되고 마는구나! 그래도 나를 사랑하여 보상의 제물로 자신을 희생하는 영혼은 하느님의 자비심을 우러나오게 하여, 이 세상을 구원받을 수 있게 만드는 영혼이다.

나는 하느님의 엄위하심을 손상한 죄인들을 대신하여 보속할 영혼들을 찾는다. 나의 성심은 죄인들을 용서해 주고 싶어 애를 태우다 보니, 진이 빠지는 것 같구나.

가련한 죄인들! 어찌 눈이 이리 어두운고! 나는 죄인들을 용서하는 일에 골몰하고 있는데, 이 죄인들은 나를 짓밟는 죄악에만 연연하고 있구나. 나는 범죄자를 추적하는 형사처럼 이 죄인들을 쫓아다니고 있다. 그러나 나는 죄인들을 잡아 벌주려고 쫓아다니는 것이 아니다. 용서해 주려고 찾아다니는 것이다.

이 세상은 쾌락으로 기울어, 그 환락에 잠겨 세월 가는 줄 모르는구나. 죄인들이 죄악의 구렁텅이에서 온갖 죄를 범하고 있는 것은 나의 성심을 더럽고 악취 나는 시커먼 개천 속에 던져버리는 행위와 같다. 이럴 때 나는 어디에서 위로받는단 말이냐?

나의 공정하고 의로운 마음을 채우고 나의 사랑을 능욕한 죄악을 대신 보상하려면, 너희 자신을 완전히 나에게 바쳐야 한다. 너희 죄인들이 스스로를 부당한 죄인이라고 느끼고 나에게 범한 너희 죄가 헤아릴 수 없을 정도임을 깨닫는다면, 나에게 다가와 나의 성심에서 샘물처럼 솟아나고 있는 나의 성혈에 너희를 담가 그 죄악의 얼룩을 깨끗이 씻어서 지워라.

그런 후에 내가 너희 죄인들에게 내려 주는 고통을 흔연히 받아들이고, 하늘에 계신 아버지께 너희 자신을 완전히 봉헌하여라. 너희가 능욕당하시는 하느님께 위로를 드리겠다는 마음으로 불타고, 지은 죄를 보속하기 위해 전심전력을 다한다면 내가 얼마나 기쁘겠느냐!

나의 성심보다 너희를 더 사랑하는 마음이 어디에 있는지, 또 내 사랑처럼 보답받지 못하는 마음이 어디에 있는지 나에게 말해 보아라. 나의 성심보다 더 용서하고 싶어 끓어오르는 마음이 있더냐? 나는 이러한 사랑의 대가로 견디기 힘든 수모만 당하고 있다.

가련한 영혼들! 이 불쌍한 영혼들을 위해 하느님 아버지께 용서를 청하고 그들 대신 보속하자꾸나.

"아버지, 이 영혼들을 불쌍히 여기소서. 이들의 행실대로 벌하지 마옵시고 간청드리오니 이들에게 자비를 베풀어 주소서."

나는 쉬기 위해 내가 선택한 영혼들 안으로 온다. 이들은 내가 죄인들에게서 받은 상처를 온 정성을 다하여 치료해 준다.

아! 수없이 저질러지고 있는 죄악 때문에 나의 성심이 받고 있는 이 쓰라린 아픔! 이 고통을 잠재우려면, 너희의 희생이 얼마만큼이나 필요한지 너희는 알고 있느냐?

이 엄청난 죄악들! 이 죄악 때문에 얼마나 많은 영혼이 지옥에 빠지는가! 사악한 영혼들이 나의 성심에 깊은 상처를 내고 있다. 그러나 나에게 충실한 영혼들의 따뜻한 애정은 나의 성심이 상처 입는 것을 막아 줄 뿐만 아니라 하느님 아버지의 의노도 누그러뜨린다.

내가 충실한 너희에게 고통의 짐을 지워 주면, 너희를 덜 사랑하기 때문이라고 생각하지 마라. 이것은 이 세상 영혼들의 죄악으로 생긴 병을 치료할 약이 필요하기 때문에 그러는 것이다. 내가 너희를 위해 대신 보속의 짐을 지고 있으니, 너희도 다른 영혼들을 위해 기꺼이 보속의 짐을 짊어져라.

나의 성심을 아프게 하는 영혼도 많고, 지은 죄 때문에 지옥에 떨어지는 영혼도 많다. 그러나 나의 성심을 가장 아프게 하는 영혼은 나에게서 지극한 사랑을 받고 있으면서도 자신을 완전히 바치지 않고, 무언가 항상 따로 떼어 놓고 그 일부만 바치는 영혼이다. 나는 나의 성심을 송두리째 다 주는데, 이 영혼들은 왜 나에게 전부를 바치지 않는가!

나를 위로해 다오. 나를 진정으로 사랑해 다오. 다른 영혼들에게 나의 성심을 높이 드러내 보여 주어라. 나의 성심을 통하여 공정하고 의로우신 하느님의 은혜를 기워 갚아라. 다른 영혼들을 위해 나의 성심에 사랑과 희생을 바치고, 특히 나에게 자신을 봉헌한 영혼들을 위해 바쳐라.

내가 너희와 함께 생활하는 것처럼, 너희도 나의 성심 한가운데로 들어와 나와 함께 살아라. 내가 너희 안에 숨어 있듯이, 너희도 내 안에 들어와 숨어 있어라. 우리 서로 위로하며 살자꾸나. 그러면 너희 고통이 나의 고통이 될 것이며, 나의 고통은 너희의 고통이 될 것이다.

나의 성심을 위로하려면, 어서 나의 성심 한가운데로 들어오너라. 그리고 나와 짝이 되어 하느님 아버지께 우리의 노고를 바치자꾸나. 하느님의 은혜를 저버리고 배은망덕하는 영혼들을 위해 나의 아버지께 대신 용서를 빌어라. 그리고 죄인들이 하느님 아버지의 엄위에 손상을 끼친 것을 미약하나마 대신 보속할 준비가 되어 있다고 아뢰어라. 하느님 아버지께 바치는 너희의 희생은 참으로 보잘것없고 미미하다. 그러나 너희는 나의 성심에서 흘러나오는 성혈에 흠뻑 젖어 있다고 아버지께 말씀드리고, 재차 용서를 빌면서 보속하는 생활에 몰두하여라.

나의 성심을 불사르는 열정에 너희 마음을 결합시켜라. 너희의 행복을 위해 나를 희생 제물로 삼아 하느님 아버지께 보상해 드리기를 내가 얼마나 원하고 있는지 너희가 알아주었으면 좋겠다. 절대로 내 곁을 떠나 멀리 가지 마라. 내가 너희를 이다지도 뜨겁게 사랑하고 있지 않느냐?

이 세상을 영원한 죽음에서 구원하고 모든 영혼에게 영생을 주려고 십자가에 매달려 있는 나, 그리고 나의 상처를 보아라. 이 상처 때문에 하느님께서는 분노를 참으시고 죄인들에게 자비를 베풀어 용서하신다. 나의 상처 때문에 너희가 광명을 받고 강한 힘과 사랑을 갖게 될 것이다.

내 성심의 상처는 내가 선택한 영혼들을 태우는 하느님의 활화산이다. 나의 성심에 저장되어 있는 하느님의 은총은 선택받은 너희의 소유다. 따라서 너희는 이 은총을 세상에 전해 줄 수 있고, 이 은총을 찾으러 오지 않는 영혼들과 은총을 가볍게 여기는 영혼들에게 퍼부어 줄 수 있다.

선택받은 너희가 이 은총의 보배를 적재적소에 잘 사용하여 죄인들이 나를 사랑하게 하며, 하느님을 능멸한 죄인들이 지은 죄를 보속하도록 유도하여라. 나는 이 일을 위해 너희가 필요한 만큼 나의 은총을 내려 주겠다.

세상이 나를 업신여기고 내 권위를 손상하고 있는 것이 사실이다. 그러나 이 세상은 내가 뽑은 너희의 보속 덕분에 구원될 것이다. 사랑하여라. 사랑이 보속이며, 보속이 곧 사랑이다.

### ✠ 사랑

"사랑이란, 완전한 사랑이시며 인간에게 사랑을 구하시는 그리스도와 밀접하게 결합하는 것을 말한다."

내가 원하고 있는 단 하나는 사랑이다. 내가 지시하는 대로 따라 주는 사랑, 자기 편의나 이익을 추구하지 않고 오직 나의 편의, 나의 이익을 도모해 주는 사랑, 사심도 없고 욕심도 부리지 않는 사랑 말이다. 이기주의를 초월하는 것이 진정한 사랑이다. 이러한 사랑만이 낭떠러지로 추락하는 영혼들을 구할 수 있는 참사랑이다.

나의 성심을 세심하게 파악하고, 배우고, 사랑하는 법을 터득하여라. 참사랑은 겸손하고, 언제나 기꺼이 베풀며 자유롭다. 만일 너희가 진정으로 사랑하는 법을 배우고 싶다면, 먼저 너희 자신을 잊어버리는 일부터 시작하여라. 너희에게 어렵고 힘에 부치는 일이 맡겨지면 주저하지 말고 받아들이고, 너희를 괴롭히는 것을 원망의 눈초리로 쳐다보지 말며, 너희 구미에 맞는 것은 아예 생각조차 하지 마라.

　사랑하는 마음을 가져라. 그러면 강한 힘을 얻게 될 것이다. 사랑이 "하느님, 당신을 사랑합니다."라고 말하면 되는 줄 아는 영혼이 많다. 그러나 절대 그렇지 않다. 사랑은 따뜻하고 부드럽지만, 행동이 있어야 진정한 사랑이 된다. 일할 때나 쉴 때에도, 고통을 받고 무시당할 때에도, 위로를 받거나 기도를 드릴 때에도 항상 따뜻하고 부드러운 사랑으로 행동하여라.

　너희 사랑을 행동으로 실천하여 나에게 그침 없이 보여 주기 바란다. 사랑은 멀리 있지 않고 바로 이 자리에 있다. 너희가 이 점을 깨달아 하루속히 완덕의 길로 나아갈 수 있다면, 나의 성심은 더할 나위 없는 위로를 받게 될 것이다.

　나를 사랑한다고 말해 다오. 이 말은 사랑의 갈증을 느끼고 있는 나의 성심을 위로하는 말이다. 나는 사랑받고 싶어하는 나의 열정의 불 속에 너희가 불태워지기 바라고 있다. 너희 마음속에도 나와 같은 열정이 있어야 한다. 나의 성심을 들여다보고, 나의 성심을 태우는 불을 잘 살펴보아라. 이 불은 내가 사랑하는 영혼들, 특히 내가 뽑은 너희를 태우는 사랑의 불길이다.

　나는 내 성심 안에 너희를 위한 특별한 자리를 마련해 놓았다. 어서 나의 성심 안으로 들어와 달콤한 나의 사랑을 맛보고, 내 성심의 평화를 누려라. 그리고 너희 마음을 내 사랑의 불 속에 넣어 불타게 하여라. 내 외로움, 근심, 고통도 함께 나누어야 한다. 나를 무시하고 천대하며 박절하게 대하는 많은 영혼을 대신하여 나와 가장 가까운 친구가 되어 나를 사랑하여라.

사랑만 있다면 어떠한 어려움도 문제 될 것이 없다. 사랑하는 영혼은 상대를 대신하여 고통 받기를 원한다. 고통은 사랑을 자라게 하며, 그 사랑과 고통으로 하느님께 친밀하게 결합되어 하느님과 하나가 될 수 있다.

내가 위로를 줄 때는 나를 반기고 기꺼이 성체를 영하여 나를 받아들이는 영혼이 많지만, 내가 십자가를 지고 그들의 문을 두드릴 때 문을 열고 반갑게 맞아 주는 영혼은 극히 드물다. 십자가를 지면서 자신을 희생하는 영혼이야말로 나를 현양하는 영혼이며, 나와 가장 가까운 영혼이다.

나를 알지 못하는 영혼이 많이 있다는 것은 사실이다. 그러나 나를 잘 알고 있으면서도 자기 이익과 즐거움만 찾고, 나를 보고도 본체만체하는 영혼이 더 많다. 이러한 영혼들은 감정적인 영혼들이다. 그들은 자기 이익과 즐거움이 있을 때만 나를 찾아온다. 나를 사랑하는 마음으로 찾지 않고 자기 즐거움을 위해 찾는다면, 그들은 나의 사랑을 얻는 데 실패할 것이다.

나의 길은 고통과 십자가의 길이므로 이러한 영혼들은 나의 길에 들어설 용기도 없을 뿐 아니라, 끝까지 나를 따를 의사도 없는 영혼들이다. 사랑만이 나를 끝까지 따를 용기를 준다. 그래서 나는 사랑, 사랑하며 사랑 타령을 하는 것이다.

둘이 서로 사랑할 때에는 둘 중 한 사람이 조금만 시큰둥해도, 마음에 상처를 입게 된다. 나의 성심도 이와 똑같다. 나와 가까워지려면, 사랑을 위해 내가 요구하는 것을 절대로 거절해서는 안 된다. 만일 너희가 나를 사랑하는 일에 충실하면, 나는 너희에게 평화를 주겠다. 또한 너희를 홀로 버려두지 않을 것이며, 내가 너희 안에 살고 있으므로 너희는 미약함 중에도 위대한 영혼이 될 것이다.

나의 성심은 너희에게 내 자신을 내어 주고, 너희와 항상 함께 살고 싶어한다. 아! 너희가 너희 마음을 나에게 열어 보이고, 나의 성심 한가운데에 들어와 살기를 내가 얼마나 원하는지 알고 있느냐?

나의 성심을 태우는 불길 속에 너희 마음도 타 들어가 강하고 용감한 영혼이 되어 준다면 내가 얼마나 기쁘겠느냐? 이렇게만 해 준다면 그때는 내가 너희의 것이 되어 주겠다. 아버지가 되어 주기를 원한다면 아버지가 되어 주겠고, 짝이 되어 달라면 짝이 되어 주겠다. 또한 힘을 달라면 힘을 주겠고, 위로해 달라면 위로해 주겠다. 달라고 하면 무엇이든지 다 털어 주겠다. 나의 성심이 너희에게 주려고 미리 준비해 놓은 모든 은총을 너희에게 다 쏟아부어 주겠다.

내가 너희 안에서 즐겁게 살 수 있도록 해 다오. 내가 너희 안에 살면 나의 존위(尊威)로 미약한 너희의 지위가 존귀해질 것이다. 우리 항상 함께 일하자꾸나. 나는 너희 안에 살고 너희는 내 안에 살아라. 나의 성심이 너희가 해야 할 모든 일을 도맡아 해 주고 자비를 베풀어 줄 것이며, 나의 사랑으로 미약하고 보잘것없는 너희를 하느님의 것이 되게 해 줄 것이다. 내가 너희 안에 들어가 너희 생명으로 자리 잡으면, 너희는 더 이상 미약한 존재가 아니다. 너희 안에 내가 머물고 있으므로 너희는 내가 쉬는 천국이 될 것이다.

할 말이 있으면 언제든지 나에게 말하여라. 내가 너희와 함께 있질 않느냐? 나를 보지 못한다고 해서, 너희만 있다고 생각하지 마라. 나는 너희 안에서 너희 말을 듣고 있다. 나에게 말을 걸고 나에게 미소를 보내다오. 이제 나와 너희는 갈라설 수 없는 사이가 되었다. 너희는 미약한 존재이므로 나의 뜻에 따라 주어야 한다.

나는 너희에게 사랑과 완전한 의탁, 이 두 가지를 요구한다. 이것 외에 요구할 것은 없다. 빈 그릇처럼 너희 자신을 완전히 비워 놓아라. 그래야만 내가 너희의 빈 그릇을 채워 줄 수 있지 않겠느냐? 양을 따지지 말고 사랑하고, 너희를 만드신 창조주께서 빈 그릇뿐인 너희를 차지하시게 하여라.

너희는 빈한하나 나는 부유하다. 너희는 나약하나 나는 강한 힘 그 자체다. 그러니 내가 너희에게 요구하는 것이 무엇이든 거절해서는 안 된다. 부유한 내가 너희를 보호하고 강한 내가 미약한 너희를 다시 일으켜 세울 터이니, 너희는 너희 자신을 나에게 완전히 바쳐라. 내가 모든 것을 대신해 주겠다.

나의 성심이 받고 있는 고통, 그중에서도 나에게 자신을 봉헌한 영혼들이 나에게 주는 고통을 진정시키고 나를 위로하려면, 아주 사소한 것까지 모두 나에게 바쳐라. 너희가 나의 성심 안에 들어와 아무런 두려움 없이 편안하게 쉴 수 있도록 해 주겠다.

나의 성심을 바라보아라. 너희의 불완전한 모든 것을 불살라 없앨 수 있는 나의 능력을 보게 될 것이다. 너희 자신을 나의 성심에 완전히 의탁하고 나의 성심에 일치시키려고 노력하는 것 외에 다른 일은 시도하지 마라.

내가 너희의 아버지고 너희의 구세주며, 너희의 하느님임을 항상 명심하고 있어라. 너희는 사랑의 깊은 못인 나의 성심 안으로 들어온 이상 두려워할 것이 없다.

내가 너희에게 당부하고 싶은 것은 내가 너희에게 베푸는 은총을 기쁜 마음으로 받아 그 은총의 효력이 발휘되게 하라는 것이다. 그 대신 내가 너희 안에서 행동할 수 있도록 너희 마음을 활짝 열어 놓아야 한다. 나의 시선을 너희에게 고정시켜 놓았으니, 너희도 너희 시선을 나에게 고정시켜라.

나는 너희가 미약하고 허무한 존재라는 것을 상관치 않겠으며, 죄인이라 할지라도 문제 삼지 않겠다. 나의 성혈이 너희의 약점과 죄악을 소멸해 주기 때문에 아무런 문제가 되지 않는다. 오로지 내가 너희를 사랑한다는 사실을 너희가 알아주는 것만으로 족하다. 사랑을 위해 너희는 너희 자신을 끊어 버려라.

진심으로 자신을 나에게 바치는 영혼들이 나를 얼마나 기쁘게 하는지 아느냐? 이런 영혼들에게 죄과가 있음에도 불구하고 나는 그들 안에 들어가 그곳을 나의 천국으로 삼고, 그들과 함께 사는 것을 가장 큰 낙으로 여긴다. 너희가 모든 것을 나에게 바치고 내 안에 들어오면, 너희가 원하는 것은 무엇이든지 다 얻을 수 있다.

나는 나를 사랑해 주는 마음을 찾는다. 다른 영혼들을 위해 대신 보속하는 영혼을 찾는다. 자신을 나에게 봉헌하는 영혼을 찾는다. 그리고 자신을 온전히 끊어 버리는 영혼을 먼저 찾는다.

눈을 감고 내가 인도하는 대로 따라오너라. 나는 너희의 아버지다. 나의 눈은 너희를 인도하기 위해 항상 열려 있다.

너희가 나를 아버지라고 부를 때 내 얼굴에 기쁨의 화색이 돌고, 나의 성심은 너희를 돌보아 주려는 원의가 일어난다. 아기가 처음으로 '엄마', '아빠'라는 말을 하기 시작하면, 그 부모는 기쁨에 겨워 세상의 어떠한 행복과도 바꿀 수 없다고 생각하여 사랑의 마음으로 팔을 벌려 아기를 품에 안는다. 세상의 아버지나 어머니의 사랑이 이와 같은데 아버지면서 어머니고, 하느님이면서 창조주고, 구세주이면서도 너희의 짝이 되어 주는 나의 사랑은 어떠하겠느냐! 사랑의 정이 넘쳐흐를 정도로 가득한 나의 초월한 마음을 그 어느 것과 비교할 수 있겠느냐!

사랑하는 영혼들아! 너희가 근심과 고통 중에 방황할 때 나에게 달려와 나를 '아버지'라고 부르며, 나의 성심 안으로 들어와 쉬어라. 너희가 다른 일을 하느라 나에게 구구절절 아뢸 수 없거든, 다만 '아버지' 하고 마음속으로 불러 보아라. 그러면 내가 너희를 붙들어 도와줄 것이며, 너희를 올바른 길로 인도하여 위로받으며 쉴 수 있게 해 주겠다.

나의 성심을 바라보아라. 나의 성심이 바로 너희가 묵상할 때 사용하는 책이다. 너희에게 모든 덕을 가르쳐 주겠으며, 무엇보다도 나의 영광과 다른 영혼들의 구원을 위해 너희가 지녀야 할 열성에 대하여 일깨워 주겠다.

나의 성심을 잘 들여다보아라. 나는 미천하고 불쌍한 영혼들의 피난처다. 따라서 나는 너희의 피난처다. 너희 말고 불쌍한 영혼이 또 어디에 있단 말이냐?

나의 성심을 찬찬히 살펴보아라. 나의 성심은 죄악으로 얼룩진 마음을 정화시키고 뜨겁게 달구는 용광로다. 어서 나의 성심에 가까이 다가오너라. 나의 용광로 속에 너희의 온갖 고뇌와 죄의 얼룩을 집어넣고, 너희의 구원자인 나를 믿고 완전히 의탁하여라.

나의 성심에서 너희의 시선을 떼지 마라. 나의 성심은 생명수가 솟아 나오는 샘이다. 이 샘에 와서 생명수를 실컷 마셔라. 모든 영혼이 와서 이 생명수로 갈증을 달래기 바란다. 어서 나의 성심 안으로 깊숙이 들어오너라. 너희가 미소하여 송구하다는 생각이 들더라도, 주춤거리지 말고 어서 빨리 들어오너라. 내가 주는 은총의 물을 마시고 그 은총을 활용하여라. 내가 너희 안에서 활동하고 있으므로, 미소한 너희는 내가 하는 대로 맡겨 두고 가만히 있으면 된다.

"나는 착하다." 이 점을 제대로 인식하는 데는 단 한 가지가 필요하다. 너희가 내적으로 나와 결합된 생활을 하는 것이다. 만일 너희가 나와 결합하여 생활한다면, 나에 대해 모르는 것이 있을 수 있겠느냐?

높은 하늘에서 내려다보면 나와 너희가 어떠한 일을 하고 있는지 한눈에 파악할 수 있다. 너희가 나와 결합하여 생활하는 것이 최상의 삶이라는 것을 즉시 깨닫게 될 것이다. 내가 하느님의 은총을 가지고 너희 안에서 살고 있으므로 너희와 멀리 떨어져 있는 것이 아니다. 우리는 친밀하게 결합된 삶을 영위하고 있는 것이다.

내가 선택한 너희가 이와 같은 삶을 살면서 진정으로 나를 알게 되면, 나를 모르고 있는 영혼들과 나에게서 멀리 떠나 있는 영혼들을 위해 어떠한 선행인들 못하겠느냐? 나와 밀접히 결합하면, 내가 죄인들에게서 마음 상하는 일을 얼마나 많이 당하는지 잘 알게 될 것이다.

또한 나의 속정을 샅샅이 알게 될 것이고, 나를 위로하며 다른 영혼들을 대신하여 보속하려 할 것이다. 너희가 나의 자비심을 신뢰하게 되면 하느님께 용서를 빌 것이고, 세상 영혼들을 위해 은총을 베풀어 달라고 나에게 간청할 것이다.

너희가 나를 사랑하는 것은 이미 나의 성심 안에 들어와 내가 착하다는 사실을 파악했기 때문이며, 내가 너희를 사랑하는 이유는 너희가 미소하고 약한 존재이면서도 그 미소하고 미약한 너희 자신을 나에게 바쳤기 때문이다.

### ✠ 신뢰

너희의 죄악! 내가 모두 태워 없애겠다. 너희가 당하고 있는 어려움과 고통! 내가 모두 소멸시켜 버리겠다. 너희의 나약함! 내가 나의 능력으로 버티게 해 주겠다. 너희가 가련하면 할수록 나의 능력으로 지탱할 수 있게 받쳐 주겠다. 나의 은총으로 너희를 부유하게 하겠으며, 너희가 나에게 충실하면 너희를 나의 거처로 삼겠다. 죄인들이 나를 배척하고 괴롭히면 나는 너희 안으로 피난하여 쉴 터이니, 그때 너희는 나와 함께 살게 될 것이다.

너희 마음이 가련함으로 가득한 깊은 물웅덩이라면, 나의 성심은 자비와 선량이 가득 담겨 있는 깊은 못이다. 따라서 나의 성심은 너희가 찾아와 의탁할 수 있는 유일한 곳이다. 너희에게 부족하고 아쉬운 것이 있으면 언제든지 나의 성심 안으로 들어와 찾아라. 내가 너희에게 요구하는 것도 나의 성심 안에 있으니 들어와 찾아보아라.

너희 자신이 미소하다는 생각에 사로잡혀 있지 말고, 너희를 지지하는 내 성심의 능력을 믿고 두려워하지 마라. 내가 바로 너희의 힘이며, 너희의 죄과를 대신 보속하고 있다.

너희가 내 손안에 있는데 무서워할 것이 무엇이냐? 자비로운 나의 성심을 의심하지 말고, 너희를 사랑하는 나의 애정에 대하여 의심을 품지 마라. 너희의 가련함이 나의 성심을 너희에게로 잡아당기는구나. 내가 없으면 너희가 무엇인들 제대로 할 수 있단 말이냐? 너희 자신을 스스로 낮추어 작은 존재가 될수록 나는 너희에게 가까이 간다는 사실을 잊지 마라. 너희가 잘못을 저지른 데 대하여 쓸데없이 걱정하지 마라. 너희를 거룩하게 만드는 데 내게 부족한 것은 없다.

내가 너희에게 당부하고 싶은 것은 내가 너희에게 베푸는 것을 절대로 거절하지 말라는 것뿐이다. 나는 너희가 스스로 작아지고 빈털터리가 될 때, 너희를 나와 결합시킬 것이다. 너희가 미소하고 궁색하기 때문에 나의 시선은 자석에 끌려가듯 너희에게 집중되어 있다. 너희가 보잘것없는 존재라고 해서 결코 낙담하지 마라. 너희가 약점이 많으면 많을수록 나는 더 많은 자비를 너희에게 베풀어 주겠다.

나의 성심은 너희를 용서하는 데서 위로를 찾는다. 너희를 용서하는 것보다 더 큰 즐거움은 없다. 죄를 저지르고 나를 찾아와 용서를 비는 영혼은 나에게 큰 위로를 주는 영혼이다. 내가 이 영혼에게 나의 뜨거운 사랑을 줄 터이니 이 영혼은 큰 이익을 보게 될 것이다. 그리고 이 영혼이 나를 현양하기를 소원하면 그가 저지른 잘못을 문제 삼지 않겠으며, 오히려 그가 다른 많은 영혼을 위해 일할 수 있도록 풍성한 은총을 베풀어 주겠다.

너희가 나에게 충성을 바치겠다고 간청하면 나는 나의 자비로 너희 허물을 감싸 주고, 허약한 너희의 버팀목이 되어 힘차게 활동하도록 지원하겠다. 다만 나에게 충성을 바칠 때에는, 너희 자신을 잊어버리고 겸손한 마음으로 정진할 것을 당부한다. 자신의 즐거움을 위해 하지 말고, 오로지 나의 영광을 위해 활동해야 한다.

나약하기 때문에 잘못을 저지른 영혼들을 흔쾌히 용서하는 나의 성심을 너희가 과연 얼마나 알 수 있겠느냐? 내가 너희를 바라보며 눈을 떼지 못하고 있는 이유는 너희가 매우 허약한 존재이기 때문이다.

나는 너희를 나의 성심 한가운데에 가두어 두려고 한다. 너희를 사랑하는 나의 애정은 한량이 없다. 너희가 허물이 크고,

공적도 없고, 덕성이 부족해도 나는 상관하지 않겠으며, 오히려 나의 사랑과 자비를 많은 영혼에게 알리는 일을 하도록 너희를 쓰겠다.

아직도 자비로운 나의 성심을 모르고 있는 영혼이 무수히 많다. 이들뿐만 아니라 모든 영혼이 하루속히 깊고 깊은 자비의 못 속에 들어와 잠겨 주었으면 하는 것이 나의 유일한 소원이다.

나는 너희를 구원한 구속자이며, 너희의 천상 배필이다. 나의 이 말을 체득하여 감격하는 영혼이 적어 한탄스럽다. 내가 너희에게 시키는 사업은 모든 영혼의 구원을 위한 사업이다. 자신들을 나에게 헌신하고 있는 너희가 세상을 구원한 구속자의 배필이라는 자부심을 가지고 있다면, 죄인들을 회개시키는 일은 그다지 어려운 일이 아니라는 것을 깨달을 수 있을 것이다. 내가 너희의 구속자이며 천상 배필이라는 점을 네 마음속에 깊이 새겨 두지 않으면, 가장 귀중한 보배를 잃어버리는 것이다.

나의 성심이 너희를 사랑할 때, 나는 너희의 미약함을 문제 삼지 않는다. 오히려 미약한 너희가 안쓰럽고 불쌍하여 너희를 더욱더 사랑한다. 나는 너희 자신들이 가련한 존재임을 깨닫게 해 주는 태양이다. 따라서 너희의 처지가 빈약하고 가련할수록 너희는 나에게 더 큰 사랑과 애정을 바쳐야 한다. 너희가 아무

결실도 낼 수 없는 황폐한 땅이라고 한다면, 나는 그 땅을 개간하여 옥토로 가꾸어 내는 능력 있는 농부다. 먼저 햇빛을 보내어 그 땅을 정화시킨 다음에 내 손으로 직접 씨를 뿌리겠다.

나의 십자가는 가련한 너희의 버팀목으로 서 있을 것이며, 나는 허약한 너희 안에 자리 잡고 휴식하겠다. 나의 십자가는 너희를 강하게 할 것이며, 나의 성심은 너희를 든든하게 받쳐 줄 것이다. 두려워하지 말고 서서 나의 십자가를 잡아라. 너희의 힘에 버거울 정도로 크고 무거운 십자가는 아니다. 나는 사랑의 저울에 너희를 달아 너희의 키에 알맞고, 너희가 감당할 만한 십자가를 만들어 너희에게 지워 주겠다.

십자가가 가벼우면 가벼울수록 움직이기가 수월하다. 가벼운 십자가를 진 너희를 내가 원하는 대로 활용하련다. 죄과만 있고 쌓아 놓은 공적도, 덕도 없으므로 내가 사랑을 거두어들일 것이라고 지레짐작하지 마라. 절대 그렇지 않다. 나의 성심은 언제나 너희를 사랑하기 때문에 절대로 너희를 버리지 못한다.

모든 것을 태워 없애 버리는 불의 속성처럼, 내 성심의 본성은 죄악을 용서하여 정화시켜 없애 버린다. 너희를 내 정화의 불속에 집어넣고 너희가 지니고 있는 그 가련함과 천박함을 태워 없애 버리겠다.

모든 영혼이 지니고 있는 가련함과 어려움, 그리고 약점까지도 모두 나에게 바치기를 바란다고 여러 번 이야기했다. 만일 너희가 나에게 가까이 온다면 내가 내 정화의 불로 태워 버릴 너희의 약점과 비천함을 발견할 것이고, 너희는 나에게서 사랑을 찾아낼 수 있을 것이다.

　미약한 너희가 있어야 나의 존엄이 설 자리가 있으며, 너희의 가련함과 죄과 때문에 나의 자비심이 발동한다. 그러므로 너희가 굳은 신뢰심을 가지고 있어야 나의 사랑이 너희 안에 들어가 자리 잡을 수 있다. 어서 나의 성심을 신뢰하고 나의 성심 안으로 들어와 편히 쉬어라.

　임금이나 고관대작이 평민의 딸을 배필로 맞아들일 때, 그들은 자신의 지위에 걸맞도록 그 평민과 딸의 지위를 높여 준다. 너희는 내가 간택한 영혼이다. 나는 너희를 간택하면서 너희에게 아쉽고 부족한 것을 모두 주겠노라고 약속했으니, 이미 너희의 지위를 높여 준 것이다. 그 대신 나는 너희 안에 있기를 바라고 있다.

　어서 너희 마음을 비워라. 그리고 그 비워진 마음을 나에게 다오. 그러면 내가 너희의 그 텅 빈 마음을 채워 주겠다. 지금 너희가 입고 있는, 때에 찌든 거적때기를 벗어서 나에게 가져오너라. 그러면 그 더러운 것을 내가 불태워 버리고 너희에게 새 옷을 입혀 주겠다. 너희의 마음속에 있는 궁핍과 잡념도 모두 나에게 바쳐라. 그것도 내가 모두 불살라 없애겠다. 그 대신 너희에게 없었던 것을 너희 마음 안에 채워 주겠다.

 나를 믿는 영혼은 많으나, 나의 사랑을 믿는 영혼은 많지 않다. 또 나의 사랑을 믿는 영혼들 중에 나의 자비에 의탁하는 영혼은 아주 적다. 나를 하느님으로 아는 영혼은 많으나, 아버지처럼 나를 완전히 신뢰하는 영혼은 많지 않다.

 너희에게 나를 다시 한번 알려 주어야겠다. 나는 너희가 가진 것 외에 다른 것을 너희에게 요구하지 않는다. 내가 요구하는 것은 그저 너희가 소유하고 있는 것을 달라는 것뿐이다.

 너희는 모두 나에게 매인 몸이 아니더냐? 가진 것이라고는 가련, 궁핍, 나약밖에 없고, 다 털어 내어 보았자 허물과 죄악뿐일지라도, 그것만이라도 나에게 바치고, 나의 성심만 신뢰하여라. 그러면 나는 너희를 용서하고 사랑할 것이며, 은총을 내려 너희를 거룩하게 할 것이다.

# 예수 그리스도의 수난

### ✠ 사도들의 발을 씻기시다(1923년 2월 22일)

내가 사도들의 발을 씻어 줄 때, 나의 성심에 가득하던 생각과 심정을 털어놓겠다. 모여 있는 열두 명의 제자들을 상상해 보아라. 사랑하는 요한도 내 옆에 있고, 잠시 후에 나를 원수에게 팔아넘길 유다도 함께 있다. 내가 왜 이들을 모아 놓고 발을 씻어 주었는지 그 이유를 말해 주겠다.

내가 사도들을 한자리에 모이게 한 것은 이 세상에 나의 성교회를 세울 때가 되었고, 나의 양들에게 목자인 내가 그들을 떠나 잠시 함께 있지 못할 시기가 왔음을 알려 주기 위한 것이었다. 또한 영혼들이 무거운 죄악에 떨어질지라도 나는 그들에게 나의 은총을 베풀기를 거부하거나 주저하지 않을 것이며,

오히려 사랑하면서 그들 곁을 떠나지 않는다는 사실을 가르쳐 주려고 한 것이었다.

나는 사랑하는 영혼들이 각자에게 필요한 은총을 받을 수 있도록, 나의 성심에 끌어들여 보호한다. 그러나 무수히 많은 영혼이 내 품속에서 나의 성혈로 목욕을 하고도 영원한 죽음의 구렁텅이에 빠지는 것을 유다를 통하여 볼 때 내 고통이 어떠했겠느냐.

나는 모든 영혼에게 나를 떠나 죄악의 상태에 있어서는 절대로 안 된다는 것을 강조한다. 죄악에 빠져 있는 자신을 돌아보며 더 이상 구원받을 방법이 없다고 단정하거나, 나에게 더 이상 사랑받을 수 없을 거라고 생각하여 자포자기하지 마라. 절대로 그렇지 않다. 너희를 위해 나의 성혈을 한 방울도 남기지 않고 흘린 나의 사랑은 절대로 그렇지 않다.

어서 나에게로 다시 돌아오너라. 무서워하지 마라. 내가 너희를 변함없이 사랑하고 있지 않느냐? 내가 나의 피로 너희를 씻어 줄 터이니, 너희는 눈보다 더 하얗게 될 것이다. 그리고 너희의 죄를 내 자비의 샘물에 담가서, 내 성심의 사랑이 너희에게 향할 때 방해받지 않도록 모든 장애물을 없애 버리겠다.

사랑하는 영혼들아! 모든 영혼이 회개의 샘터로 나와 지은 죄의 얼룩을 씻고, 나를 두려워하지 않고 깊은 신뢰심을 갖게 해 달라고 하느님께 간절히 기도드려라. 나는 항상 모든 영혼들을 나의 성심에 받아들일 준비가 되어 있는 하느님이다.

### ✠ 최후의 만찬(2월 25일)

내 사랑의 비결을 계속해서 알려 주겠다. 오늘은 왜 내가 만찬 전에 사도들의 발을 씻어 주었는지 그 이유를 설명해 주겠다.

그것은 성체 성사로 나를 받아 모시려 하는 영혼들이 정결하기를 바라는 마음 때문이었고, 죄를 짓고 더러워진 영혼들이 잃어버린 결백을 회복할 수 있는 고해 성사를 가르쳐 주기 위해서였다.

내가 직접 사도들의 발을 씻긴 것은 사도 성직(使徒聖職)에 헌신할 그들도 나의 모범에 따라 죄인들 앞에서 겸손하고, 다른 영혼들과 차별 없이 그들에게도 온화하게 대해 주어야 한다는 것을 깨우쳐 주기 위해서였다.

많은 영혼을 회개시키는 사업을 차질 없이 추진해 나가려면 쓰디쓴 고통도 맛보고, 자신을 억눌러야 한다는 것을 가르쳐 주기 위해 발의 물기를 닦아 주려고 내 허리에 수건을 매었다.

다른 사람의 흉을 보지 않고 남의 허물을 감싸 덮어 주며, 서로를 아끼고 사랑해야 한다는 것을 가르쳐 주려고 그들의 발을 씻어 주었다. 나는 세상을 구원하겠다는 뜨거운 모성으로 사도들의 발에 물을 부었다.

내가 십자가에 매달려 인간들을 구원해야 할 시간이 점점 가까워지던 때였다. 그 당시 나의 성심은 인간들에 대한 사랑을 억누를 수 없었고, 이 가련하고 헐벗은 인간들을 천애 고아처럼 이 세상에 방치한 채 떠나 버릴 수 없었다. 그래서 나는 이 세상 마칠 때까지 그들과 함께 머물러 있기 위해 스스로 그들의 양식이 되어 영원한 생명을 주려 했고, 나를 섭취하여 힘을 얻은 그들이 이 세상에서 나의 사랑을 증거할 수 있게 그들의 버팀목이 되어 그들에게 힘과 용기를 주려 했다.

영혼들에게 내 성심의 진한 애정과 불타는 사랑을 알리려고 내 몸을 부수는 성체 성사를 세운 나의 심정을 너희는 과연 얼마나 헤아릴 수 있겠느냐?

내가 성체 성사를 세운 후부터 지금까지, 나는 수많은 영혼들이 나의 성체와 성혈로 새 생명을 얻어 하느님의 은총 안으로 들어오는 것을 지켜보아 왔다. 수많은 영혼이 나의 성혈로 순결해졌으며, 나는 그들의 마음을 뜨거운 사랑의 불로 태웠다.

내가 성체 성사를 세워 줌으로써 얼마나 많은 순교자들이 무리를 지어 나의 성심 안으로 들어왔는지 아느냐? 얼마나 많은 영혼이 사욕과 온갖 죄악으로 사경을 헤메다가 이 빵을 먹고 기운을 회복했던가! 내 살과 피를 내어 주어 영혼들을 살리려는 나의 사랑을 어느 누가 흉내 낼 수 있으며, 고통스러운 나의 성심을 어느 누가 따를 수 있겠느냐?

사랑하는 영혼들아! 앞으로 계속 나를 먹고 마시게 해 줄 터이니 안심하여라. 너희 영혼을 맑게 할 나의 피, 나의 성혈은 멈추지 않고 너희에게로 흘러간다.

### ✣ 성체 성사와 죄인(3월 2일)

성체 성사를 세우던 무렵에 나의 성심이 얼마나 쓰라린 고통을 받았는지 이야기해 주겠다.

나는 나를 천상의 음식으로 여기고, 나와 한 몸이 되겠다고 나를 먹고 마신 영혼들이 나에게 바칠 흠숭과 사랑, 그리고 보속을 생각하면서 무척 기뻐했다. 그러나 나를 감실 안에 외롭게 버려두거나 내가 성체 안에 실존한다는 것을 믿지 않는 많은 영혼을 생각하면, 고통과 근심이 앞서 받은 기쁨 못지않게 컸다. 죄악으로 더러워진 영혼들 속으로 나의 몸과 피가 던져져야 하고, 나의 성체와 성혈을 모독하는 영혼들에게 모독 죄가 추가될 것을 생각하며 근심 고통이 그치지 않았다.

나를 거슬러 저질러질 경악스러운 죄들, 나의 거룩함을 모독하고 능욕하며 온갖 증오를 퍼부어 대는 군상들이 내 눈앞에 어른거렸다. 또한 주야장천 오랜 시간을 감실 안에 갇혀 지내야 할 나의 신세를 생각하고, 내가 감실 안에서 불러도 들은 척도 하지 않고 배척하는 영혼들을 보았을 때 눈앞이 캄캄했다.

그러나 나는 성체 성사 안에서 사랑의 포로가 되기로 작정했다. 사랑하는 수많은 영혼이 고통을 당할 때, 애정을 베풀어 주는 마음이 되기로 했다. 아버지 중에 가장 선량하고 인자한 아버지며 영혼들의 가장 절친한 친구가 되어, 고통 받는 영혼들을 위로하기 위해 머물러 있기로 했다. 그러나 영혼들을 위해 활활 타오르고 있는 나의 사랑을 받아들이는 영혼이 너무 적은 것이 한스럽구나!

내가 죄인들 가운데 살고 있는 것은 내가 함께 있어야 그들이 구원받을 수 있고, 영원한 생명을 얻을 수 있기 때문이다. 내가 죄인들 옆에 있어야 하는 또 다른 이유는 그들이 죄악의 중병에 걸렸을 때 치료해 주는 의사가 되고, 회복에 필요한 약이 되어 주기 위함이다.

아! 그러나 이 가련한 죄인들은 나를 멀리하고 능욕하며 천대하는구나! 내가 사랑하는 너희는 절대로 나에게서 멀리 떨어져 있지 마라. 나는 밤낮을 가리지 않고 너희를 기다리며, 너희가 찾아오면 언제든지 반갑게 맞이하겠다. 나는 너희가 지은 죄의 오물을 너희에게 뒤집어씌우지 않을 것이며, 너희 얼굴에 퍼붓지도 않겠다. 오히려 죄악 때문에 생겨난 너희의 상처를 나의 상처에서 흘러나오는 성혈로 씻어 주겠다. 두려워 말고 어서 나에게 다가오너라. 내가 얼마나 너희를 사랑하고 있는지 너희는 정말 모른다.

사랑하는 영혼들아! 왜 너희는 나를 이토록 냉대하며, 내 사랑에 무관심하느냐? 너희 가정이 빈궁하고 너희 집안이 옹색한데다가, 세상 돌아가는 형편 때문에 너희가 끊임없이 어려움을 겪고 있는 줄은 내가 잘 알고 있다. 그러나 너희가 나를 사랑한다는 것을 나에게 증명해 보이기 위해 잠시 짬도 낼 수 없단 말이냐? 하찮은 일에는 많은 시간을 허비하면서도, 너희 사랑의 포로인 나를 찾아볼 시간은 전혀 나지 않는단 말이냐?

너희 육신이 허약해지거나 병들었을 때 시간을 내어 의사를 찾아가듯이, 너희 영혼의 질병을 치료해 주는 나를 찾아와 너희 영혼의 건강과 힘을 되찾도록 하여라.

너희를 기다리고 너희를 안타깝게 찾으며, 대면하기를 원하는 천상 구걸자인 나를 찾아와 사랑의 자선을 베풀어 다오.

## ✤ 성체 성사와 헌신한 영혼

사랑하는 영혼들아, 지금 나는 나에게 선택받아 자신을 헌신한 영혼들에게 내 사랑의 묘한 이치를 말해 주려 한다.

너희는 내가 성체 성사를 세울 때 나의 성체와 성혈로 생명을 얻고, 내 성체와 성혈이 더러워진 영혼들을 순결하게 만드는 신약임을 알았을 것이다. 또한 성체 성사로 자신들이 지니고 있던 허물과 부족함을 태우는 사랑의 불을 얻은 특전 받은 영혼들도 보았을 것이다. 나의 성체와 성혈을 먹고 마신 영혼들이 나와 하나가 되고, 꽃과 같이 아름다운 향기를 내어 나를 기쁘게 하는 것도 보았을 것이다.

나의 거룩한 성체는 영혼들에게 생명이 되고, 나의 성심은 그들을 뜨겁게 달구는 태양이 될 것이다. 성체 성사를 받고 헌신한 영혼들에게 내가 위로를 받기 위해 찾아갈 것이며, 어떤 때는 숨기 위해, 또 어떤 때는 쉬기 위해 찾아갈 것이다.

사랑하는 영혼들아! 하느님인 나를 위로하고 숨겨 주며 쉴 수 있게 하는 일은 아주 쉬운 일이다. 내가 너희 마음 안에 들어가 자리 잡을 수 있도록 너희 마음을 비워 놓기만 하면 된다.

너희를 한없이 사랑하시는 하느님 아버지께서는 너희 영혼 한복판에 다른 것과 비교도 할 수 없는 성소의 은총을 심어 주셨고, 너희를 낙원으로 부르시려고 구속자이며 하느님인 나를 너희 짝으로 삼아 주셨다. 지금 나는 나의 깨끗한 살로 너희를 먹이고, 나의 피로 너희 목을 적셔 주고 있다. 너희는 언제든지 내 안에서 안식과 평화를 얻으리라.

아! 내가 선택하여 은총을 받은 영혼들이 나의 성심 안에 걱정과 근심의 씨앗을 뿌리고 있으니, 도대체 그 영문을 모르겠구나. 나의 성심이 한결같지 않던 적이 있더냐? 너희를 위하는 나의 성심이 변한 적이 있더냐? 나는 그런 적이 없다! 내 사랑은 절대로 변하지 않는다.

나는 너희를 잘 알기 때문에 너희가 가련한 처지에 있게 되면 자비와 애정의 눈으로 너희를 바라보며, 나의 눈길을 다른 데로 돌리지 못한다. 그뿐만 아니라 너희가 나를 찾아오기를 학수고대하고 너희의 딱한 사정을 들어주며, 새로운 은총을 풍족히 내려 준다. 그러므로 내가 너희에게 많은 것을 베풀어 주었듯이, 너희도 내가 너희에게 사랑으로 부탁할 때 거절하지 마라. 사랑 자체인 나를 사랑하는 일은 어려운 일이 아니지 않느냐?

내가 너희에게 어떤 어렵고 힘든 일을 요구할 때에는 무턱대고 시키지 않는다. 너희가 그 일을 끝까지 해낼 수 있도록 은총과 힘을 함께 준다는 사실을 잘 알고 있어라.

내가 너희를 특별히 선택한 이유는 너희에게서 사랑과 위로를 받고 싶어서다. 어서 너희 마음의 문을 열고 내가 들어갈 수 있도록 허락해 다오. 만일 너희 안에 있는 것을 내 앞에 내놓기가 변변치 못하다는 생각이 들거든 겸손한 마음과 신뢰로 이렇게 말하여라.

"주님, 저희 정원의 꽃과 과일이 당신께 드리기에 변변치 못한 것임을 알고 계시리라 믿습니다. 오셔서, 당신께서 원하시는 대로 꽃이 만발하고 과일이 풍성하게 열매 맺기 위하여 저희가 해야 할 일이 무엇인지 말씀해 주십시오."

나에 대한 사랑을 드러내고자 하는 마음으로 이렇게 말하는 영혼들에게 나는 다음과 같이 대답하겠다.

"사랑하는 영혼들아, 내가 좋아하는 꽃들이 너희 정원에서 찬란히 피어나기를 진정 원한다면 너희의 정원 관리를 나에게 맡기고, 내가 그 땅을 일구고 가꾸게 해 다오. 내가 원하는 꽃과 과일이 자라지 못하게 방해하는 뿌리, 너희가 뽑아 내려고 해도 힘이 없어 뽑지 못하는 그 뿌리를 내가 직접 뽑아 주마. 나는 너희 취향과 취미에 맞고 너희 성향에 적합하다고 생각하는 잡초들을 뽑아 버리고, 사랑과 인내 그리고 희생의 꽃과 열매가 너희 정원에서 자라게 하겠다. 열성과 순명, 그리고 극기로 자신을 단련시키는 일은 내가 원하는 꽃과 과일나무를 자라

나게 하고, 그 땅을 비옥하게 만드는 거름임을 명심하여라. 이 꽃과 과일은 너희에게 광명을 가져다줄 것이다."

재미도 없는 데다가 짜증만 나는 일을 기꺼운 마음으로 참고 인내하며 묵묵히 해 나가는 것은 죄를 범한 영혼들에게서 받은 나의 상처를 치료하는 행위며, 나에게 지은 죄를 대신 보상하는 보속 행위다. 어떤 영혼이 너희를 질책하며 마음에 고통을 주어도 너희가 평안하고 기꺼운 마음으로 받아들이면, 그 교만하고 오기에 찬 영혼에게 겸손의 덕을 일깨워 줄 것이다.

너희가 나에게 전권을 주어야만, 내가 너희에게 이와 같이 해 주겠다는 이야기다. 그래야만 빨리 꽃이 필 뿐만 아니라, 너희가 나의 성심을 위로할 수 있게 될 것이다. 너희는 다음과 같이 나에게 기도하여라.

"주님, 저희는 당신 뜻에 따르고 저희에 대한 전권을 당신께 드리겠다고 약속했으면서도, 당신에게서 멀리 떠나 당신과 일치하지 못했습니다. 당신을 위해 아무것도 하지 못하는 가련한 저희를 용서해 주시옵소서."

그러면 나는 다음과 같이 응답하겠다.

"사랑하는 영혼들아, 너희는 내가 위로받는 데 꼭 필요한 존재들이다. 만일 너희가 나에게서 멀리 떠나지 않았더라면 겸손과 사랑이 없었을 터인데, 떠나 있었기 때문에 겸손과 사랑을 깨닫게 된 것이다. 이 겸손과 사랑은 나에게 큰 위로를 준다."

성체 성사를 세우던 그때 나는 이 모든 일들을 이미 내다보고 있었으며, 하루라도 더 빨리 모든 영혼의 양식이 되고 싶었다. 내가 인간들 안에 사는 것은 모든 것을 완벽하게 갖춘 사람들 안에서만 산다는 것이 아니다. 힘없고 약한 사람들, 작고 보잘것없는 사람들 속에서 살며 그들을 붙들어 주고 길러 주려는 것이다. 나는 그들의 가난 속에서 안식을 취할 것이며, 그들의 착한 마음과 열정에서 위로를 찾을 것이다.

사랑하는 영혼들아! 내가 선택한 영혼들 중에 혹시 나에게 고통거리가 될 영혼이 많지 않을까 두렵구나. 모두가 한결같은 마음으로 나를 섬기지 않으며, 내 뜻을 따르지 않고 자기 멋대로 살아갈 것 같아 걱정되는구나. 이런 생각만 하면 나의 성심은 우울하고 침통해진다. 선택받은 모든 영혼이 들으라고 하는 나의 탄식의 소리다.

오늘은 이만 하마. 평안한 마음으로 있어라. 너희 자신을 완전히 희생하여 나에게 바칠 때에만, 비로소 내가 위로받는다는 사실을 항상 염두에 두기 바란다. 모든 영혼에게 내가 직접 이런 이야기를 해 줄 수는 없다. 너희가 나를 대신하여 모든 영혼에게 나의 비결을 알려 주고, 너희가 이 세상에 머무는 그날까지 내가 너희를 유익하게 부릴 수 있도록 해 다오.

## ✣ 무시당하는 사랑과 성체 성사의 오묘한 이치(3월 7일)

　나 스스로 끌 수 없는 오묘한 사랑의 불길 때문에 성체 성사를 세우려던 그때, 나의 성심이 받은 고통을 기록하여라.
　그때 나는 하늘에서 내려온 빵을 먹고 생활할 영혼들을 생각했다. 나에게 자신을 바친 많은 영혼이 나를 냉대하는 것을 보았으며, 냉대할 뿐만 아니라 나의 성심에 상처를 내는 사제들의 영혼도 보았다. 이들이 나에게 헌신하기 이전의 습관 때문에 나약한 상태가 되어, 신심 생활에 염증을 느끼다 못해 냉담 지경에 이르게 되는 것도 보았다.
　그러나 나는 이 감실 속에서 이 영혼들이 돌아오기를 고대하고 있다. 나는 그들이 나에게 돌아와 나를 받아들이고 자신들에게 가장 가까운 짝에게 하듯이 나와 이야기하며, 나에게 은총을 내려 달라고 간청하기를 바라고 있다.
　나는 돌아온 그들에게 나에 대한 굳은 신뢰심을 가지고 생활하라고 말하며 이렇게 말한다.
　"너희는 죄인들의 마음을 나에게로 끌어오너라. 죄인들을 대신하여 보속하려면, 너희 자신을 나에게 바쳐라. 이제부터는 나를 절대로 홀로 버려두지 않겠다고 약속하여라. 위로받고 싶은 나의 성심이 너희가 무엇을, 어떻게 해 주기를 바라는지 잘

살펴보아라."

위에서 말한 사항은 한두 영혼에게 국한해서 이야기한 것이 아니다. 모든 영혼을 염두에 두고 한 말이다. 그러나 이들은 매일 나를 받아 모시면서 마지못해 한두 마디 형식적인 말만 건넬 뿐 항상 나와 관계없는 일에만 몰두하고 있으며, 어쩌다 나와 만날 때에는 맥없이 나를 대한다. 나 이외의 일에 정신이 팔려 마음의 문이 잠겨 있으며, 그 정신은 산만하고 그 마음은 심란하다.

나에 대한 걱정도, 자기 영성 생활에 대한 각오도 없이 그저 자기 육신에 대한 걱정만 한다. 이런 영혼들은 나에게 냉정할 뿐만 아니라 쉽게 싫증을 느끼고, 금방 내 앞에서 물러나곤 한다. 나에게 특별히 선택받았으면서도 밤새도록 나를 기다리게 하는 이 무심하고 배은망덕한 영혼들아! 그러고서도 어떻게 매일 나를 받아 모실 수 있단 말이냐?

나는 너희 안에 들어가 쉬면서, 너희의 죄과를 가볍게 해 주려고 너희를 기다렸다. 또한 너희에게 주려고 새로운 은혜도 마련해 놓았다. 그런데 너희는 내가 이렇게 하는 것을 바라지 않고 있구나. 나에게 울며 간청하기는커녕, 아예 내 앞에 나타날 생각도 하지 않는구나. 겨우 온다는 것이 마지못해 예식이나 채우려고 나오거나, 습관 때문에 나오는 것 같다. 나를 만나고 싶어서, 나에 대한 사랑에 북받쳐서 오는 것도 아니고, 나와 친밀하게 결합하겠다는 마음으로 내 앞에 나타나는 것도 아니다. 이런 영혼들은 나의 성심이 바라는 애정을 지닌 영혼이 아니다.

내게서 특별히 선택받은 영혼인 사제들에게 내가 바라고 있는 바를 다시 이야기하겠다.

나는 모든 영혼의 죄를 사할 수 있는 권한과 능력을 사제들에게 부여했다. 또한 사제들의 말에 순종하여 영혼들의 양식이 되려고 하늘에서 이 세상으로 내려온다. 그리고 나를 그들의 손에 넘겨주어 감실 안에 갇혀 있거나, 영성체 때 그들의 처분에 따라 다른 영혼들에게 먹힐 수 있게 하였다. 또한 그들에게 영혼들을 맡겨 지도할 수 있는 권한을 주었으며, 나의 진리를 설교하고 모범을 보여 영혼들을 진리와 덕행의 길로 안내하고 인도하는 사명도 맡겼다.

모든 사제가 과연 나의 부름에 합당하게 행동하고 있는가? 혹시 내가 부여해 준 사랑의 사명을 망각하고 있는 사제는 없는가? 지금 이 시간에도 사제들이 제대에서 내가 부탁한 영혼들에게 나의 말을 올바르게 전해 주고 있는가? 내가 죄인들에게서 받은 모욕을 대신 보속해야 한다는 것을 알고 있는가? 자기 성무를 거룩한 마음으로 성실하게 이행할 힘을 달라고 기도하며, 지난날보다 더 희생해야 한다는 것을 명심하고 있는가? 내가 사랑하고 아끼던 사도들 안에서 휴식을 취했던 것처럼, 그들도 내가 쉴 수 있도록 자신들 안에 자리를 마련해 놓고 있는가?

아! 나의 성심이 얼마나 아팠기에 이렇게 한탄하며 내 가슴을 쳤던가!

"세상 영혼들이 나의 손과 발에 못질하여 상처를 내고 침을 뱉어 내 얼굴을 더럽히더니, 이제는 내가 간택한 영혼, 내 정배인 사제들이 나의 성심을 갈기갈기 찢고 있구나!"

나는 성체 성사를 세울 때 이미 열두 사도 중 첫째 사도가 거짓말을 하여 충성하지 못할 것과, 그 뒤를 이어 여러 세기를 지내며 내게 선택받은 사제들이 나에게 충성하지 않으리라는 것을 알고 있었고, 그것 때문에 그렇듯 아파했던 것이다.

성체 성사는 내 사랑의 발명품이다. 성체는 모든 영혼의 힘과 생명이고, 모든 나약하고 병든 영혼을 치료하는 신약이며, 현세에서 영원한 세계로 넘어갈 때 필요한 노자(路資)다.

성체 성사로 죄인들은 평화를 얻고 열의가 없는 영혼들은 희생의 열정을, 순결한 영혼들은 감미로운 천상 음식을 얻게 될 것이며, 신심이 깊은 영혼들은 안식과 자기 소원의 만족을, 거룩한 영혼들은 완덕의 길로 나아갈 수 있는 날개를 얻게 될 것이다. 또한 자신을 봉헌한 영혼들은 성체 성사 안에서 자신이 생활할 터전을 잡고, 그 안에서 사랑의 생활을 확고히 하게 될 것이다. 이들은 성체 성사에서 완전한 사랑의 삶에 대한 표준을 찾고, 나와 갈라지지 못하게 결합시키는 사랑의 사슬을 얻게 될 것이다.

### ✠ 겟세마니(3월 12일)

사랑하는 영혼들아, 겟세마니로 올라와 나와 함께 있자꾸나. 너도 나의 근심과 고통에 동참하여라.

공생활 중에 나는 하느님 백성을 가르치고 병든 사람들을 낫게 했으며, 소경은 다시 볼 수 있게 하고 앉은뱅이는 다시 걸을 수 있게 해 주었다. 심지어는 죽은 사람을 다시 살려 놓기도 했다. 나의 제자인 사도들과 3년을 함께 지내면서 그들에게 나의 진리를 전수해 주었으며, 자기 자신을 낮추고 영혼들을 사랑해야 한다는 것을 가르치기 위해 몸소 그들의 발을 씻어 주고 나를 그들의 양식으로 내놓았다.

하느님의 아들인 내가 모든 영혼을 구원하기 위해 나의 피를 세상에 뿌리고 나의 생명을 희생할 시간이 점점 다가오고 있었다. 그때 나는 하느님 아버지의 뜻에 따르고 나를 희생하겠다고 기도드렸다.

사랑하는 영혼들아! 너희 본성을 기준으로 삼아, 너희 하고 싶은 대로만 하겠다고 고집부리지 마라. 너희에게 가장 중요한 것은 너희 자신을 기준 삼아 하지 말고, 하느님의 뜻을 기준 삼아 하느님의 뜻에 겸손되이 복종하여 너희 자신을 희생하는 일이다.

중요한 일을 행동으로 옮기기에 앞서 나처럼 먼저 하느님께 기도를 드린 후 시작하여라. 일 시작 전에 먼저 기도하는 이유는 어려운 일이 닥쳐올 때 기도로 하느님과 상통하여 힘을 얻을 수 있으며, 하느님께서 의견을 주시어 인도해 주시기 때문이다.

나는 고요한 곳을 찾으려고 겟세마니에 갔다. 내가 겟세마니로 간 것은 너희가 하느님을 너희 안에서 찾으려면, 세상사로 산란해진 자리를 떠나 하느님과 조용히 대화할 수 있는 고요 속으로 들어가야 한다는 것을 일깨워 주기 위해서였다.

하느님을 만나기 위해서는 하느님께서 내리시는 은총을 거부하거나 반항해서는 안 되며, 자기 본성의 욕구를 제거해야 한다. 자신만을 사랑하는 이기심과 자기 육감에 따른 판단으로 스스로 합리화하여 자신을 내세우면 하느님과 만날 수 없다.

내 성심이 사랑하는 영혼들아! 내가 겟세마니에 올라갈 때 제자들 중 세 사람만 데리고 간 것은 너희가 세 가지 힘을 갖추고 있어야 효율적으로 기도드릴 수 있음을 가르쳐 주기 위해서였다.

첫째는 기억력으로, 하느님의 완전하심과 은혜를 상기하고, 전능하시고 전선하신 하느님께서 영혼들에게 자비와 사랑을 베푸신다는 것을 명심하고 있어야 한다. 둘째는 지력으로, 자신에게 베풀어 주시는 하느님의 무한한 은혜에 보답할 수 있는 방법을 찾아내는 슬기와 지능이 있어야 한다. 셋째는 의지력으로, 자신의 능력, 지식, 감정을 버리고 하느님을 위해 더욱더 정진하여 실행한다는 결의가 있어야 한다.

나의 구원 사업에 동참하는 사도직 활동을 제대로 하려면 겸손해야 하며, 남에게 드러내지 않고 고요한 가운데 기도하고 헌신해야 한다. 이때 이 세 가지 힘이 꼭 필요하다.

피조물인 너희가 창조주이신 하느님께 온전하고 겸손하게 복종하려면 기도와 헌신이 반드시 필요하다. 너희에게 기대를 걸고 계시는 하느님의 뜻을 받들고, 그분의 명령에 절대복종하여라. 나는 구원 사업을 이룩하라는 하느님의 뜻에 복종하여, 나 자신을 하느님께 봉헌했다.

견디기 힘들 정도로 나에게 가해진 형벌과 고통, 온갖 모함과 모욕, 가혹한 매질도 모자라 가시관까지 내 머리에 눌러 씌운 잔인한 인간들, 목이 타들어 가는 듯한 갈증과 무거운 십자가, 몸을 지탱하기 힘들어 세 번씩이나 넘어지고, 결국에 가서는 그 십자가 위에 손과 발에 못질을 당하다니…….

이 참담함과 고통을 형언할 길이 없다. 더구나 눈앞의 고통뿐만 아니라 여러 세기를 거치면서 인간들이 나에게 저지를 죄악과 퍼부어 댈 모욕을 이미 내다보고, 나의 성심은 갈기갈기 찢어졌다. 이런 줄 알면서도 나는 하느님 아버지의 뜻에 순명하여 십자가를 짊어졌다.

하느님 아버지께서 이 불쌍한 인간들에게 자비를 베푸시게 하려면, 나를 희생하지 않으면 안 될 처지였다. 인간들이 하느님의 권위를 침범하면, 하느님의 분노가 그들 위에 떨어진다. 나는 너희에게 떨어질 하느님의 분노를 십자가 위에서 대신 받았다. 하느님의 분노를 가라앉히려고 나의 생명을 바쳐 보증을 섰다. 인간의 무거운 죄와 벌을 대신 보속하느라 피땀을 흘리고, 고통 중에 죽임을 당하면서까지 말이다.

죄인들아! 나를 그만 좀 괴롭게 하여라. 이미 피와 땀을 흘려 너희를 구원했고, 새 생명까지 주지 않았느냐? 죽는 순간까지 번민하고 아파하면서 너희를 살려 놓았는데, 어떻게 나의 피땀을 수포로 돌아가게 한단 말이냐!

사랑하는 영혼들아! 오늘은 이만 하자. 너희는 겟세마니에서 하느님 아버지께 기도드리고 있는 내 옆에 항상 머물러 있거

라. 미약한 너희 신심의 뿌리를 나의 성혈로 적셔 강하게 만들도록 하여라.

## ✤ 잠자고 있는 사도들(3월 13일)

사랑하는 영혼들아! 내 곁으로 와서 번민의 바닷속에 잠겨 있는 나를 보고, 나와 함께 이 근처에 있는 세 제자들을 찾아보자.

내가 이 세 사람을 데리고 올라온 이유는 나의 근심을 함께 나누고 함께 하느님 아버지께 기도드리며, 이들 곁에서 쉬고 싶어서였다. 그러나 이들은 기도는커녕 잠만 자고 있었다. 잠자고 있는 이들을 보는 순간, 나의 성심은 허탈하여 한숨만 나왔다. 아! 이토록 외로운 결정을 하고 있는데 나와 가깝다고 믿었던 이 사람들, 의지하고 싶었던 이 사람들이 잠만 자고 있다니…….

이들과 똑같은 영혼들을 지금도 보고 있다. 내가 흔들어도 세상사 깊은 잠에서 깨지 않고, 나 몰라라 하는 영혼들. 말로는 나와 함께 기도하며 깨어 있겠다고 하면서, 실제 행동으로는 옮기지 않는 영혼들을 본다. "지금은 못하겠습니다. 저는 할 일이 너무 많습니다. 저는 너무 피곤합니다. 그것은 제 능력 밖의 일이라서 못합니다. 이제 저는 쉬어야겠습니다. ……" 하며 변

명만 늘어놓고 있다.

나는 이런 영혼들을 따뜻한 말로 달래며 설득도 해본다.

"나를 위해 희생하는 것을 두려워하지 마라. 너희가 희생한 만큼, 아니 그 배 이상을 내가 보상해 주겠다. 잠깐만이라도 나와 함께 하느님 아버지께 기도드리자. 지금 나는 너희가 꼭 필요하다. 너희가 머뭇거리면 때를 놓치게 된다."

이렇게 타일러도 보고 애원을 해 봐도 반응은 마찬가지다.

가련한 영혼들아! 너희는 나와 함께 단 한 시간도 깨어 있지 못하는구나. 잠시 후에 내가 다시 오겠지만, 역시 내 말을 듣지 않을 것 같구나. 너희가 잠들어 있기 때문에 내가 은총을 내려 주어도 너희가 받을 수 없어 안타깝다. 너무 오랫동안 은총을 받지 못하면 너희는 허기지고 기진맥진하여, 나의 은총을 받을 기력조차도 없어지게 될 것이다. 이렇게 깊은 잠에서 헤어 나오지 못하고 죽음을 맞이하는 영혼이 얼마나 많은지 아느냐?

사랑하는 영혼들아! 잠들어 있는 영혼들에게 위안을 받겠다고 기대하지 마라. 같은 피조물에게서 위로를 찾는 일은 너희에게 무익할 뿐만 아니라, 더 큰 실망만 얻게 된다. 우리의 기대와 사랑에 응하지 않고 잠만 자는 영혼들은 우리에게 고통만 줄 뿐이다.

나는 다시 내가 있던 곳으로 돌아와 아버지께 기도드렸다.

아버지께 흠숭의 예를 올리고, 아버지께 도와 달라고 간청했다. 나는 '하느님'이라고 부르지 않고, '나의 아버지'라고 부르며 기도했다. 이것은 너희 마음이 괴로울수록 너희도 하느님을 아버지라 부르며 간절히 기도해야 함을 가르쳐 주기 위해서였다.

너희가 당하고 있는 고통과 두려움을 보여 드리고, 너희가 하느님 아버지의 자녀라는 사실을 말씀드려라. 너희 육신이 허약하고 병들어 있다고 말씀드리고, 너희 마음이 세상으로부터 구박받아 시퍼렇게 멍이 들어 있는 것도 보여 드리고, 너희 영혼이 피땀이 흐를 정도로 기진맥진한 상태에 있음을 세세히 아뢰어라.

굳은 신뢰심으로 성부이신 하느님의 처분만 바라겠다는 마음으로 기도드려라. 그러면 아버지께서 고통받는 너희를 위로해 주시며, 너희가 맡은 고통 받고 있는 영혼들도 위로해 주실 것이다. 또한 고통을 극복할 수 있도록 필요한 힘도 함께 주실 것이다.

버림받고 고뇌에 가득 찬 나의 성심은 영혼들의 배은망덕한 죄악 때문에, 깊은 번민의 늪 속으로 빠져들어 갔다. 피땀을 흘리고, 얼마 후면 십자가에 매달려 몸속에 피 한 방울도 남김 없이 흘리겠지만, 모든 영혼이 구원받지 못하고 그중에 수많은 영혼이 나를 모욕하고 무시하다가 멸망할 것을 알고 있었기 때문이다. 또 영원히 나를 알지 못하고 이 세상을 살다 죽은 안타까운 영혼들도 보았기 때문이다.

그렇지만 나는 모든 영혼을 위해 피를 흘리고, 나의 모든 수고와 노력을 다하겠노라고 결심했다. 피를 흘리고 밤낮으로 수고해도 구원받지 못하는 영혼이 있을 것이라는 사실을 뻔히 알면서도, 아버지께서 내리신 고통의 잔을 한 방울도 남기지 않고 모두 마셨다.

사랑하는 영혼들아! 내가 고통의 잔을 다 비운 것은 고통이 다가오면 절대로 뒷걸음질하며 물러서지 말아야 한다는 것을 가르쳐 주기 위해서였다.

고통의 효과를 지금 당장은 보지 못해도, 손해라는 생각은 하지 마라. 언제든지 그 고통의 열매를 수확할 날이 있을 것이다. 너희의 짧은 소견과 판단은 접어 두고, 하느님의 뜻이 자유롭게 너희 안에 이루어지도록 노력하여라. 하느님께서 고통의 잔을 나에게 내리셨을 때 나는 물러서지도, 피하지도 않았다. 나를 미워하고 모략하는 자들이 나를 잡으러 겟세마니로 오리라는 것을 뻔히 알고 있었으면서도, 나는 그 자리에 그대로 있었다.

내일 또 계속하자. 언젠가는 내가 너희를 부를 터이니 항상 깨어 준비하기 바란다.

## ✖ 유다, 예수님을 팔아넘기다 (3월 14일)

　나의 아버지께서 보내신 천사에게 위로를 받은 후, 열두 제자 중 한 사람인 유다가 앞장서 오는 것을 보았다. 그 뒤에는 나를 잡아갈 악당들이 따라오고 있었다. 그들은 나를 체포하려고 칼과 몽둥이를 들고 몰려왔다. 나는 일어나 그들에게로 가서 "누구를 찾느냐?" 하고 물었다. 그때 유다가 다가와 나를 껴안고 입맞추었다. "오! 유다야, 무엇을 하느냐? 왜 나에게 입맞추느냐?

　앞으로도 내가 수많은 영혼에게 "무엇을 하느냐? 왜 나를 입맞춤으로 잡아 넘기느냐?"라고 물을 것을 생각하면 가슴이 미어진다.

　나에게 사랑받는 영혼들아! 너희도 나를 마중 나와 나에게 사랑한다고 고백하지만, 내 앞을 떠나면 악당들에게 나를 잡아 넘기는 일을 밥 먹듯이 해 댈 것이다. 나를 모욕하는 언행은 내가 악당들에게 끌려갈 때, 그들이 나에게 던진 돌멩이와 같은 것이다.

　아침마다 나를 영하고, 돌아서면 세상과 타협하는 것은 유다가 한 짓과 다를 바 없다. 온갖 더러운 수단을 동원하여 재물을 모으고 출세를 위해 물불 가리지 않는다면, 너희 손은 바로 나를 잡아 넘긴 유다의 손이 된다. 내가 내려 주는 순결한 은총을 더럽히는 손이 되는 것이다. 유다의 표양을 좇아 나에게 입맞추어 나를 잡아가라고 신호를 보내는 일을 너희도 하고 있음을 깨달아야 한다. 유다가 데리고 온 악당들과 마찬가지로 너희도 나를 묶고 매질하고 나에게 돌팔매질할 뿐만 아니라, 다른 사람들에게 이런 짓을 하라고 시키기까지 한다.

어떻게 너희가 나에게 이럴 수 있단 말이냐? 나를 열렬히 사랑하고 있다고 나에게 자랑스럽게 고백하던 너희가 나를 잡아 넘기다니……. 너희가 지니고 있던 애덕과 열정이 너희 악행을 일시적으로 가려 줄 포장지에 불과했단 말이냐?

사랑하는 영혼들아! 왜 너희는 자기 영혼이 사사로운 정에 끌려가고 있는 것을 방치하고 있느냐? 나는 너희 안에 있는 사욕과 편향된 정을 없앨 수도 없고, 또 그럴 의사도 없다. 내 말뜻은 싸워서 이기라는 것이다. 사욕과 편향된 인간의 정에 빠지는 것은, 유다가 나를 30데나리온에 팔아넘긴 것과 같다. 그 30데나리온은 바로 자기 멸망을 자초한 사욕과 일시적 쾌락과 같은 것이다.

얼마나 많은 영혼이 순간의 쾌락 때문에 헐값에 나를 팔아넘겼으며, 앞으로도 계속 팔아넘길 것인가…….

아! 가련한 영혼들아! 도대체 너희는 누구를 찾고, 무엇을 추구하고 있단 말이냐? 내가 여기 있지 않느냐? 너희가 나를 영원히 사랑하겠다고 다짐했고, 나는 너희에게 영원한 생명을 주겠다고 약속하지 않았느냐? "항상 깨어 기도하라."는 나의 말을 명심하여라. 사욕과 정에 물들기 쉬운 인간 속성 때문에 죄악이 너희 안에서 습관화되기 십상이니, 자신을 늦추지 말고 계속 단속해야 한다.

들판의 잡초는 수시로 제거해야 한다. 잡초가 자리 잡을 수 없도록 틈나는 대로 뽑아 없애 버려야 한다. 영혼의 잡초도 마찬가지다. 사욕과 편향된 정, 올바르지 못한 습성, 이러한 것들이 바로 영혼의 잡초이니 과감히 제거하여라.

영혼들이 어떤 큰 죄악에 **빠졌을** 때만, 나를 팔아넘기는 짓을 하는 것이 아니다. 간혹 그런 일이 없는 것은 아니지만, 아주 드문 일이다. 보통은 작은 허물에서 출발하여 점차 큰 죄에 이르게 된다. 사소한 재미, 대수롭지 않은 약점들, 전혀 개의치 않던 작은 버릇들이 자신들도 모르는 사이에 크게 부풀어 올라, 결국에 가서는 나까지 팔아 패가망신하게 된다.

이 점에 유의하지 않으면 이러한 것들이 비대해짐에 따라 총명하던 영혼의 눈은 어두워지고, 내가 은총을 내려 주어도 그 은총이 발붙일 자리조차 없게 된다. 사욕과 편향된 정이 너희 영혼을 지배하여 악의 세력이 승리하게 된다.

아! 하느님의 무한한 사랑을 받는 수많은 영혼들이 부지불식간에 지옥을 향하여 가고 있는 것을 보시는 하느님의 성심, 그분의 상심이 얼마나 크실지 너희는 아느냐? 모르느냐?

## ✤ 선택받은 영혼들의 모반 (3월 15일)

사랑하는 영혼들아! 나는 너희에게 영혼들이 어떻게 나를 모욕하고, 나에게 등을 돌리는지 말해 주었다. 영혼들이 내 뜻을 거역하고, 나에게 들이대는 무기는 다름 아닌 바로 죄악이다. 큰 죄에 국한해서 말하는 것이 아님을 알아 두어라.

나에게 선택받은 영혼들이 흔히 저지르는 사소한 잘못, 고치지 않고 있는 버릇, 남에게 혐오감을 주면서도 자신은 대수롭지 않게 생각하고 있는 괴팍한 성격, 애덕의 결핍 등도 내 앞에 들이대는 무기와 같은 것이며, 결국에 가서는 이런 것들이 도화선이 되어 나를 팔아넘기는 지경에 이르게 될 것이다.

보통 사람들이 나를 모독하고 배은망덕할 때도 나의 성심이 이처럼 고통을 느끼는데, 하물며 내가 그토록 사랑하여 특별히 선택한 영혼들이 나에게 몹쓸 짓을 할 때 내 심정이 어떠했겠느냐? 그러나 자신의 잘못뿐만 아니라 다른 영혼들의 잘못을 대신 보속하며, 나를 위로해 주는 기특한 영혼도 있어 다행스럽구나.

선택받은 영혼들아! 너희가 바로 나의 안식처이며, 내 즐거움의 화원이다. 나는 다른 영혼들보다 너희에게서 더 따뜻한 사랑과 애정을 받고 싶다. 너희는 나의 아픈 상처를 낫게 해 줄 약이 되어야 하며, 알아볼 수 없을 정도로 더러워진 나의 얼굴을 깨끗이 씻어 주는 일도 해야 한다. 무지몽매하여 나를 폭행하고 오랏줄로 묶는 눈먼 영혼들에게 광명을 주고 싶어하는 나를 도와주는 것이 너희가 할 일이다.

　너희는 절대로 나를 혼자 외롭게 두지 마라. 어서 깊은 잠에서 깨어나 나에게로 달려오너라. 나를 잡아 혹독하게 고문하고, 십자가에 매달려는 자들이 다가오고 있는 것이 보이지 않느냐?

　병사들이 나를 체포하러 왔을 때, 나는 그들에게 "나다."라고 말해 주었다. 너희가 유혹에 빠져 나를 멀리하려 할 때도 나는 이와 똑같은 말을 한다. "나다. 내가 여기 있다. 어딜 가려 하느냐?"

　아직 시간적 여유는 있다. 너희만 원한다면 나는 모두 용서하겠다. 너희는 너희 죄악으로 나를 동여맬 수 없다. 도리어 내가 너희를 나의 사랑으로 꽁꽁 묶어 놓겠다. 어서 나에게로 오너라. 나는 여전히 너희를 사랑하고 있다. 나약한 너희를 동정하고 너희를 내 품에 감싸 안아 주고 싶다.

　아! 내가 이렇게까지 하는데도 불구하고, 너희는 나를 결박

하여 끌고 가 팔아넘기려 하느냐?

 나 자신을 제물로 바칠 시간이 다가오고 있었다. 병사들이 나를 잡아끌고 갈 때 나는 순한 양처럼 그들에게 아무런 저항도 하지 않았다. 카야파의 집으로 호송된 나는 거기서 이루 말할 수 없는 모욕과 조롱을 당했으며, 심지어는 그 집 하인에게 난생처음으로 뺨을 맞기도 하였다.

 사랑하는 영혼들아! 잘 알아 두어라. 처음으로 뺨을 맞을 때, 나는 하느님께서 내리신 은총을 받고 살아온 많은 영혼의 첫 번째 죄악을 보았다. 얼마나 많은 영혼이 한번 죄의 길에 발을 잘못 디딘 후 헤어 나오지 못하고 그대로 재앙으로 떨어지고 말았는가! 죄 중에 죽었을 때, 그들에게 내려질 영원한 죽음과 형벌……. 참으로 안타깝고 답답하구나.

 내일 계속하겠다. 나를 기다리는 동안 기도하여라. 많은 영혼이 올바른 길로 가고 있는지, 혹은 멸망의 길로 가고 있는지 스스로 깨닫게 해 달라고 하느님 아버지께 기도드려라.

## ✱ 베드로의 배반 (3월 16일)

 나의 제자들이 나를 버렸다. 호기심에 이끌려 따라온 베드로는 그 집 하인들과 함께 있으면서도 나를 모른 체했다. 내 주변에는 사악한 재판관들의 비위를 맞추느라, 거짓으로 증언하는 인간들뿐이었다. 나를 선동자, 율법을 어긴 자, 거짓 예언자라고 매도하는 인간들, 나를 모함하는 소리에 자극을 받아 나를 향해 악을 쓰며 저주를 퍼붓는 인간들뿐이었다.

나의 가르침, 내가 행한 기적의 증인인 나의 제자들은 어디로 갔단 말이냐? 나를 사랑하고 증거해야 할 이들, 나를 보호해 주어야 할 이들은 사라지고 나 홀로 남았다. 내 둘레에는 나를 잡아먹을 듯 노려보며 으르렁거리는 이리 떼 같은 병사들과 군중만 있을 뿐이다. 그들은 나를 못살게 굴며 고문하는 것도 모자라 내 얼굴을 때리고 더러운 침을 뱉으며, 조롱 삼아 나를 휘돌리기까지 한다.

내가 성교회의 우두머리로 세운 베드로, 조금 전까지만 해도 죽기까지 나를 따르겠다고 맹세했던 베드로가 나를 증거할 수 있는 기회가 주어졌는데도 나를 모른다고 대답하다니……. 위협적인 심문을 받아서도 아니다. 그저 사람들이 예수의 제자라고 몰아세우자 그는 맹세까지 하면서 "나는 그 사람을 알지 못하오."(마태 26,72)라고 잡아뗐다. 베드로야! 네 스승인 나를 모른다고 거짓말하는 것도 가슴 아픈데, 어떻게 맹세까지 한단 말이냐?

선택받은 영혼들아! 세상이 나를 거슬러 일어날 때 내 특별한 사랑을 받고 있는 너희에게까지 내가 배반당하고 버림받게 되면, 나의 성심이 얼마나 쓰릴지 생각해 보았느냐? 내가 베드로에게 물었던 것처럼 너희에게도 묻겠다. "내가 너희에게 베풀어 준 사랑을 어디에 두었느냐? 너희를 내게 묶을 줄은 어디에 있느냐? 죽음이 닥쳐도 나를 보호하겠다고 거듭해서 다짐했던 그 약속은 도대체 어디로 갔단 말이냐?"

너희가 약하거든, 마음이 흔들리거든 나에게 돌아오너라. 내가 너희를 붙잡아 주겠다. 너희는 베드로처럼 위험을 자초하지 마라. 죄를 범할 위험이 있는 곳에는 얼씬도 하지 말라는 뜻이다. 베드로가 쓸데없는 제 호기심을 따르지 않았더라면 그런 죄에 떨어지지 않았을 것이다.

나의 포도밭에서 일하는 영혼들아! 너희가 여기서 일하게 된 동기가 육신의 즐거움이나 단순한 호기심 때문이라면, 그 즐거움이나 호기심을 과감히 버려라. 그렇지 않고 나의 영광과 영혼 구원의 열성 때문이라면, 조금도 두려워하지 말고 내 포도밭 일에 전심전력하여라. 나는 끝까지 너희를 보호하고, 너희 스스로 난관을 돌파하여 승리할 수 있도록 힘을 주겠다.

병사들이 다시 나를 끌고 갈 때, 나는 군중 속에 있는 베드로를 바라보았다. 베드로도 나를 쳐다보더니, 자기가 지은 죄를 깨닫고 슬피 울었다. 내가 베드로를 바라보았듯이, 나는 지금도 죄에 떨어진 영혼들을 바라본다. 베드로가 나를 바라보며 참회의 눈물을 흘렸듯이 이들도 나를 바라보며 참회하기를 바라건만, 이들은 나에게 눈길조차 주지 않는구나. 이 죄인들과 눈을 마주치려 해도, 이들의 눈동자는 허공에서 맴돌고 있을 뿐이다. 이런 영혼들은 눈이 있어도 나를 보지 못한다. 소리쳐 불러도 대답조차 하지 않는다. 정신 차리라고 아픔을 주어도 꿈에서 깨어나지 않는구나!

사랑하는 영혼들아! 너희가 하늘을 바라보지 않는다면, 너희 존재는 이성이 없는 빈껍데기, 허리가 굽어 땅만 바라보는 가련한 인생이 되고 만다. 어서 머리를 들어 하늘을 보며, 너희가 그리워하는 본향에 계시는 하느님을 찾아라. 그러면 언제나 그분의 눈이 너희 위에 있음을 볼 것이고, 그 눈에서 영원한 평화와 생명을 얻을 수 있을 것이다.

## ✱ 감옥에 갇히신 예수님 (3월 17일)

감옥에 갇혀 있는 나를 생각하여라. 나는 그곳에 갇힌 채 온 밤을 뜬눈으로 지새웠다. 병사들은 나를 조롱하고, 번갈아 가며 매질하였다. 그러고는 나를 묶어서 더럽고 어두운 곳에 혼자 버려두었다. 차가운 돌에 기대 앉은 나는 추위와 아픔으로 괴로워했다.

감옥에 갇혀 있던 그때와 감실 안에 갇혀 있는 지금, 감옥에 있을 때 나를 학대하고 조롱하던 자들과 지금 나를 영하면서도 나를 냉대하는 영혼들을 비교해 보자.

감옥에 갇혀 있던 시간은 단 하룻밤이었다. 그러나 감실에 갇혀 있는 시간은 성체 성사를 세운 때부터 지금까지, 그리고 앞으로도 계속될 것이다. 감옥에 있을 때도 사악한 인간들에게서 온갖 조롱과 학대를 당하더니, 지금은 나를 사랑한다고 자처하며 나를 영하는 영혼들에게서 참기 힘든 냉대와 배신을 당하고 있다.

이런 일이 얼마나 비일비재한 줄 아느냐? 감옥에 갇혀 있을 때에는 추위와 상처의 통증, 허기와 갈증, 모욕감과 외로움 그리고 망각 때문에 잠을 이룰 수 없었다. 그런데 여러 세기가 흐른 지금도 나는 이 감실 안에 방치되어 사랑받지 못하고 있다. 나는 돌처럼 딱딱하고 차가운 마음을 가진 수많은 영혼을 보았다.

내가 사랑받지 못하여 갈증을 느끼고, 사랑을 섭취하지 못하여 허기져 있는 때가 얼마나 많은 줄 아느냐? 영혼들이 나를 찾아와 주기를 학수고대하며 나는 얼마나 많은 세월을 보내야 할 것인가? 영혼들이 언제쯤 나를 찾아와 이 목마름과 배고픔을 풀어 줄 것인가?

설령 영혼들이 나를 찾아온다 하더라도, 그들이 나의 목마름과 배고픔을 해결해 주기 위해서는 어떻게 해야 할지 알고나 있을지 모르겠구나. 내가 괴로워할 때 "당신의 고통과 근심을 덜어 드리기 위해 저희 희생과 노고를 바칩니다."라고 위로의 말을 건네고, 내가 외로워할 때, "당신의 친구가 되어, 당신의 외로움을 덜어 드리겠습니다."라고 따뜻한 말 한마디 건넬 줄이나 알까?

너희가 나와 결합하면 너희는 평화로운 가운데 고난과 고통을 이겨 낼 수 있으며, 용감하게 역경을 돌파할 수 있는 힘을 얻게 될 것이다. 너희에게 주어진 고통을 이겨 낼 수록, 나의 성심은 큰 위로를 받는다.

감옥에 갇혀 있는 동안 나는 사악한 그들이 나에게 퍼부어 댄 악담과 조롱 때문에 이루 말할 수 없는 수치심을 느꼈으며, 훗날 내가 끔찍이 아끼고 사랑하는 영혼들의 입에서 그와 똑같은 악담이 흘러나올 것을 생각할 때는 참혹한 심정이었다.

병사들에게 계속 매질을 당하면서, 나는 많은 영혼이 통회도 없이 더러운 마음에 나의 성체를 영하고 상습적으로 죄를 범하여 나의 성심을 잔혹하게 매질하리라는 것도 이미 알고 있었다.

이미 기력이 다해 나뒹구는 나를 아무도 붙잡아 주지 않았을 때, 내 눈에는 배은망덕의 사슬로 나를 묶어 땅바닥에 패대기

쳐 놓은 다음, 외롭게 방치하여 나를 부끄럽게 하는 영혼들이 보였다. 그 수치심을 어떻게 말로 다 표현할 수 있겠느냐?

선택받은 영혼들아! 갇혀 있는 너희 정배를 바라보아라. 외롭고 비참한 밤에 내가 이 적막한 감실 안에서 너희에게 냉대를 받고 서러워하고 있다. 언제까지 나를 방치해 두려느냐? 값싼 동정심이라도 베풀어 주겠느냐? 어서 너희 마음의 문을 열고 나를 반갑게 맞이해 다오. 어서 너희 마음 안에 나의 거처를 마련해 다오. 그리고 너희 사랑의 사슬로 너와 나를 한데 묶어 다오. 너희 애정으로 나를 덮어 다오. 너희의 너그러운 마음으로 나의 주린 배를 채워 다오. 뜨거운 마음으로 나를 마셔 다오. 끊임없이 나를 찾아와 근심과 고통에 젖어 있는 나를 위로해 다오.

사랑하는 영혼들아! 너희의 정결과 바른 의지로 내 부끄러움을 없애 다오. 내가 너희 안에 쉬기를 원하거든, 너희의 거칠고 산란한 욕정을 눌러 없애 다오. 그러면 나는 고요해진 너희 영혼 안에서 쉬겠다.

이때 너희는 "나를 위해 자신을 희생한 것을 절대로 후회하지 않게 해 주겠다. 너희가 나를 사랑으로 보살피고 너희 마음 한가운데에 머물게 했으니, 나도 너희에게 상을 주겠다. 너희가 나의 쉼터가 되어 주었으니, 나도 너희가 영원히 머물 수 있는 쉼터가 되어 주겠다."라는 소리를 듣게 될 것이다.

## ✣ 갇혀 계신 하느님(3월 20일)

내 성심이 간절히 바라고 있는 것을 계속 이야기하겠다.

내 성심은 나를 따르는 많은 영혼에 대한 사랑으로 뜨겁게 달아올라 있었다. 감옥에 갇혀 있을 때, 나는 이미 이들도 나와 함께 고통의 길을 가려 한다는 사실을 알고 있었다.

이들은 사람들로부터 고통과 멸시를 당하면서도 평온한 마음을 잃지 않고 그 고통을 참아 받았을 뿐만 아니라, 오히려 박해하는 자들을 사랑하는 법을 나에게서 배워 실천하고 있었다. 내가 나를 박해하던 영혼들을 위해 나 자신을 희생한 것처럼, 이들도 자신들을 박해하는 영혼들을 위해 기꺼이 자신을 바치고 있었다.

이 영혼들을 보자 나의 성심은 하느님 아버지의 뜻을 따라야겠다는 뜨거운 열의로 가득 찼다. 악의 무리로부터 혹독한 고문을 받고 외로움 가운데 내던져졌지만, 나의 성심은 하느님 아버지와 하나가 되어 있었기 때문에 그 고통을 견뎌 낼 수 있었고 침범당한 하느님의 영광을 보상하기 위해 기꺼이 나를 바쳤다.

나에 대한 사랑 때문에 세속적인 생활을 단절하고, 스스로 영어(囹圄)의 몸이 된 영혼들아! 세상 사람들이 너희를 정신 나간 사람으로 취급하거나 적대시하여도, 절대로 두려워하지 마라. 적막한 이 시간에도 큰 소리로 야유하며 악을 쓰고 있는 자들 때문에 위축될 필요가 없다. 이럴수록 너희 마음을 유일하신 하느님과 더욱더 밀접하게 결합시켜, 죄악 때문에 손상을 입으신 하느님의 영광을 보상하는 일에 매진하여라.

## ✤ "내 나라는 이 세상에 속하지 않는다" (3월 21일)

아침이 되자 카야파는 자기 수하들에게 나를 빌라도의 관저로 호송하라고 명령했다. 빌라도가 나에게 사형 선고를 내리게 할 심산이었다. 빌라도는 나를 처벌할 구실을 찾으려고 나를 심문했으나 아무런 죄목도 찾아내지 못하고, 오히려 양심의 가책을 느꼈다. 그는 내 문제에서 손을 떼려고, 자기 군사들에게 나를 헤로데에게 압송하라고 명령했다.

빌라도 같은 영혼들은 하느님의 은총과 자신들의 사욕 중 어느 것을 선택해야 할지 몰라 망설이는 영혼이다. 선택해야 할 시점에 눈을 감아 소경 행세를 하며, 자기 체면과 이기주의에 빠져 하느님의 은총 밖으로 밀려난 영혼들이다.

헤로데가 이것저것 캐물었을 때, 나는 아무 대답도 하지 않앉다. 그러나 빌라도가 "당신이 유다인들의 임금이오?"(요한 18,33)라고 물었을 때는, 담담하면서도 단호하게 "그것은 네 생각으로 하는 말이냐? 내 나라는 이 세상에 속하지 않는다."(요한 18,34.36)라고 대답했다.

너희도 너희를 괴롭히는 자들이 너희를 다그치고 비하할 때 다음과 같이 대답할 줄 알아야 한다.

"내 나라는 이 세상 것이 아니다. 그러므로 인간적인 환대나 호의 같은 것은 바라지도 않는다. 나는 나의 본고향으로 돌아간다. 본고향으로 돌아갈 때까지 세상 사람들이 나를 보고 무어라 하든 상관하지 않고, 나는 나에게 주어진 책임과 의무를 다할 것이다. 세상 사람들에게 미친 사람 취급을 받아도 대수롭지 않게 생각하겠다. 세상 평판에 연연하지 않고, 은총의 소리에 귀 기울여 은총의 길로 나아가는 것이 내가 할 일이다. 나 혼자 일하기 벅차면 하느님께 도움을 청하고, 하느님께 의견을 여쭙겠다. 나만의 이익과 편의만을 중시하는 이기심과 탐욕스러운 마음은 나를 악의 길로 유도하여, 결국에 가서는 나의 두 눈을 멀게 하고 나를 파멸의 구렁텅이로 떨어지게 한다는 것을 잘 알고 있기 때문이다."

## ✤ 헤로데 (3월 21일)

 빌라도는 그 당시 예루살렘에 와 있던 헤로데에게 나를 넘겨 버렸다. 헤로데라는 인간은 탐욕스럽고 부도덕한 패륜아였다. 헤로데가 빌라도에게서 나를 넘겨받기를 원한 것은 나에 대한 소문의 진위 여부를 제 눈으로 확인하고 싶었고, 또 내가 행하는 기적을 보고 싶었기 때문이다.

 사랑하는 영혼들아! 내가 이런 패덕한 자 앞에서 받았던 모욕을 생각해 보아라. 그는 나를 이리저리 살펴보고 나에게 이것저것 캐물었으며, 이상한 몸짓으로 나를 조롱하였다.

 순결하고 깨끗한 몸과 마음으로 나를 위해 지조를 지키는 영혼들아! 어서 빨리 와서 이런 지경에 처한 너희 정배를 호위하여 다오.

 헤로데는 자기 심문에 내가 대답하기를 바라고 있었으나, 나는 한마디도 대답하지 않았다. 비웃음 띤 그의 질문에 침묵으로 일관했다. 그것은 부당한 대접을 받고 있는 나의 권위를 지키려는 데 있었고, 패덕한 인간의 추한 언어와 진리 자체인 말씀이 함께 섞인다는 것이 부당했기 때문이다. 이런 황당한 일이 벌어지고 있는 동안, 나의 성심은 줄곧 하늘에 계신 아버지와 긴밀히 결합되어 있었다.

모욕을 당하면 당할수록, 나는 수많은 영혼을 위해 나의 마지막 피 한 방울까지 모두 흘리겠노라고 결심했다. 당장은 참아 받기 어려울 정도로 고통스러웠지만, 많은 영혼이 나의 본보기와 어진 마음을 보고 나를 따라오리라는 것을 알고 있었기 때문에, 나의 성심은 사랑으로 뜨겁게 불타고 있었다.

헤로데가 야비하게 심문할 때에도, 나에게 모욕을 준 후 조롱의 표시로 화려한 옷을 입혀 빌라도에게 돌려보낼 때에도, 영혼들을 사랑하는 마음 때문에 나의 성심은 이미 십자가의 형장으로 달려가고 있었다.

## ✣ 예수님을 매질하라고 넘긴 빌라도 (3월 21일)

매정하고 비겁한 빌라도의 처신을 보아라. 빌라도는 군중의 소동이 두려워 내 문제를 올바르게 처리하지 않는다. 군중의 소란을 잠재운다는 구실로 나를 매질하라고 명령한다.

빌라도와 같은 영혼은 세속적 본능의 욕구를 과감히 끊지 못하는 우유부단한 영혼이다. 이런 부류의 영혼들은 양심의 성장을 방해하는 잡초를 뽑아내지 않는다. 따라서 양심이 허약해져 올바른 소리를 내지 못함에 따라, 올바른 판단을 내리지 못하고 우왕좌왕하는 영혼들이다.

나를 따라오다가 포기하고, 하느님이 주시는 은총을 수용하면서도 은총에 수반되는 희생과 노고를 피하려고 중도에서 주저앉는 영혼들이 바로 빌라도 같은 영혼들이다. 나는 이런 영혼들에게 다음과 같은 말 이외에 다른 말은 하지 않겠다.

"너희도 빌라도처럼 나를 매질하라고 넘겨주고 마는구나. 너는 오늘 그릇된 길로 요만큼 나아가나, 내일은 더 멀리까지 갈 것이다. 너희가 이렇게 하면서 어떻게 세속적 본능과 욕망을 막을 수 있단 말이냐? 얼마 후면 나와 한층 더 거리를 두게 될 것이다. 너희 자신에게 좀 더 가혹하지 못하고 사소한 것에서부터 용인하기 시작하면, 느슨해진 너희 마음 안에 세속적 본능과 욕망이 강력한 힘으로 자리 잡게 될 것이다."

나의 성심이 지극히 아끼고 사랑하는 영혼들아! 순한 양 같은 내가 얼마나 모욕을 당하고, 혹독하게 매질을 당했는지 상상해 보아라. 이미 온몸이 상처투성이인 나를 악당의 무리는 더 가혹하게 매질했다. 그들이 얼마나 지독하게 나를 때렸던지 뼈가 드러났고, 채찍에 살이 묻어날 정도였다. 온몸에서 피가 흘러나왔고, 언뜻 보아 산 사람 같지 않았다.

아! 고통의 바다에 빠져 신음하는 나를 보고, 동정이라도 느끼는 자가 얼마나 있더냐! 나는 나에게 매질하는 악의 무리가 나를 불쌍히 여겨 주기를 바라지 않는다. 선택받은 너희가 나의 고통에 참여하여 함께 아파하기를 바랄 뿐이다. 너희는 나의 상처를 묵상하며, 너희에 대한 사랑을 증거하기 위해 나처럼 고통당한 이가 있는지 생각해 보아라.

### ✠ 조롱당하시는 예수님(3월 22일)

포악한 자들이 나를 때리다 지치자, 가시나무로 왕관을 만들어 내 머리 위에 눌러 씌웠다. 그리고 내 주변에 둘러서서, "유다인들의 임금님, 만세!"(요한 19,3)라고 소리 지르며 나를 조롱했다. 심지어는 가시관에 찔려 피가 흐르고 있는 나의 머리를 때려, 고통에 고통을 더하게 하였다.

세상 사람들의 눈치를 보며 그 여론의 노예가 되어 있는 영혼들, 자존심 때문에 교만으로 남을 업신여기는 죄에 빠진 영혼들을 위해 나는 가시관의 고통을 감수했다. 이는 자신을 낮추기를 거부하는 영혼들, 그들의 교만과 오기를 대신 보속하기 위한 것이었다.

어떠한 길을 가든지 그것이 하느님의 뜻이며, 하느님께서 지시하신 길이라면 그 길은 절대로 비천한 길이 아니다. 너희가 가고 싶은 길을 가면서 하느님의 뜻이라고 합리화시킨다면, 그 길은 하느님의 뜻에 어긋나는 그릇된 길이다. 이러한 길에는 헛수고만 있을 뿐, 진정한 즐거움도 평화도 없을 것이다. 하느님의 뜻에 순종하여 그분의 지시를 따를 때에만, 진정한 즐거움과 평화를 누릴 수 있을 것이다.

자기 마음속의 욕구를 성찰하고 지난 생활을 반성하며 참된 신앙생활을 하겠다고 결심하는 영혼들에 대하여 말하겠다. 이 영혼들은 그동안 시도해 왔던 신심 생활에서 굳건한 그리스도적 덕성과 신앙인으로서의 의무에 따른 습성에 길들여져 있다. 그러나 시간이 흘러가면서 타성에 젖기 시작하여, 허영과 교만으로 차츰차츰 그 정신이 흐려지기 시작한다. 그때부터 이 영혼들은 더 유명해지고 더 부유해지고 싶을 뿐만 아니라, 존경받는 위치에 서고 싶어한다. 이런 욕구에 대한 주의를 게을리한 결과 하느님께로 향하던 순수한 마음은 사라지고, 자신들의 은밀한 야심에 부합하는 것만 찾게 된다.

오! 이런 일에 눈이 멀고 말다니……. 이처럼 무지하고 무모한 일이 어디 있단 말이냐! 나는 이런 영혼들에게 이 세상에서조차도 행복을 제대로 누리지 못할 것이라고 말하겠다.

내가 완덕에 나아가라고 특별히 부른 영혼들에 대해 말하겠다.

이들 중에는 나의 뜻을 따르고 이행하겠다고 하면서, 내 머리에서 가시관을 벗겨 주기는커녕 쓰고 있는 가시관을 더 눌러 씌워 그 가시가 내 머릿속에 깊이 박히게 하는 영혼들을 자주

본다. 이런 영혼들은 허망한 꿈에 사로잡혀, 은혜를 배은망덕으로 갚는 영혼들이다.

그러나 나의 바람대로 따라 주는 영혼들이 없는 것은 아니다. 내가 그들을 알아주고 사랑해 주듯이, 그들도 나를 알아주고 사랑해 준다. 나는 그들을 안전하게 인도하여, 그들이 성덕에 도달할 수 있도록 도와주겠다.

내가 그들을 인도하는 곳은 바로 나의 성심이다. 나의 성심을 그들에게 열어 주면 그들은 나의 성심 안에서 나를 더욱더 사랑하게 될 것이며, 많은 영혼을 나의 성심 안으로 데려올 것이다.

그러나 이 영혼들이 혹시라도 감추고 있던 교만과 추악한 사심을 드러내어 헛된 일에만 정신을 쏟고 내 사랑의 길에서 이탈한다면, 이는 나를 철저히 기만하는 행위가 될 것이다.

내가 선택한 영혼들아! 나의 사랑이 인도하는 길을 가지 않겠다고 교만스럽게 거부하고 나의 은총이 부르는 소리에 귀를 틀어막고 있으면서, 어떻게 나의 뜻을 준수하고 있다고 떳떳하게 말할 수 있겠느냐?

## ✠ 중죄인 취급을 받으신 예수님(3월 23일)

사랑하는 영혼들아! 내가 선택한 영혼들 중에 교만과 오기 때문에 일을 그르치고 있는 영혼들을 깨우쳐 주어야겠다. 가시관을 쓰고 자주색 옷차림으로 빌라도 앞에 재차 끌려간 것도, 이런 영혼들을 깨닫게 하려고 준비된 것이었다.

빌라도는 나를 처벌할 아무런 죄목도 찾아내지 못하자, 다시 나를 심문하기 시작했다. 그는 나를 좌지우지할 전권을 가지고 있다고 나에게 말하면서 대답하라고 다그쳤다. 나는 그때까지 지켜 왔던 침묵을 깨고, 다음과 같이 대답했다.

"네가 위로부터 권한을 받지 않았으면 나에 대해 아무런 권한도 없었을 것이다. 그러므로 나를 너에게 넘긴 자의 죄가 더 크다"(요한 19,11).

이 말을 한 후, 나는 나의 아버지께 모든 것을 완전히 맡기고 다시 입을 굳게 다물었다. 빌라도는 자기 아내가 한 말이 마음에 걸려 번민하다가 나를 구해 줄 요량으로, 매를 맞고 혹독한 고문을 받아 참혹한 몰골이 된 나를 군중 앞에 내보였다. 그는 나를 석방하고 그 대신 유명한 강도인 바라빠를 처형할 심산이었다. 그러나 그곳에 있던 무리는 "예수를 죽이고 바라빠를 살려 주시오."라고 소리를 질러 댔다.

나를 사랑하는 영혼들아! 이 악한 무리가 나를 어떤 죄인처럼 취급했는지 보았느냐? 이들은 나를 가장 악랄한 범죄자보다 더 형편없는 자로 몰아붙이고 있구나. 나를 죽여 없애라고 고함을 질러 대는 저 무리의 소리는 잡아먹지 못해 으르렁거리는 굶주린 사자 떼의 울음소리 같구나.

나는 이러한 모욕을 피하지 않았다. 너희를 사랑하는 마음 때문에, 단순한 죽음이 아니라 혹독한 고문을 받고 부끄럽게 죽임을 당하는 것을 너희에게 알려 주고 싶었다.

그때 나는 내가 하느님의 아들이라고 해서 인간적인 고통과 번민을 느끼지 못했던 것은 아니었다. 오히려 앞으로 너희가 겪게 될 고통을 생각하여, 너희를 대신하여 더 모진 고통을 당하려 했다. 이러한 나를 보고 너희가 굳세고 강한 영혼이 되기를 바랐으며, 하느님의 뜻에 따라 생활할 때 온갖 박해와 고통이 닥쳐와도 굳건히 견뎌 내야 한다는 것을 알려 주려 했다.

완덕의 지위에 불림 받았으면서도 그 은총을 기쁜 마음으로 받아들이지 않고 망설이는 영혼들, 세상의 평판에 손상이 가지 않을까 염려하여 내가 지시하는 겸손의 길에서 후퇴하는 영혼들, 나의 영광을 위해 봉사할 때 하느님의 은총보다 자기 힘을 더 믿는 영혼들에게 다음과 같이 묻겠다.

"내가 가난하고 비천한 부모님에게서, 그것도 고향 집이 아닌 먼 타향에서, 일 년 중 가장 견디기 힘든 계절, 가장 추웠던 겨울밤에 태어나게 되었을 때, 내가 주저했느냐? 사양했느냐? 나는 그후 30년 동안 나의 양아버지가 하던 천한 목수 일을 하면서 뭇사람들로부터 무시당하고, 가난한 집안 살림을 꾸려 나가는 어머니를 도우며 불평 한마디 없이 살았다. 그리고 나는 이미 열두 살이 되었을 때 성전에서 학자들을 가르쳤으니 그 힘든 목수 일을 하지 않아도 되지 않았겠느냐?"

그러나 거룩하신 하느님 아버지의 뜻은 내가 학자들을 가르치는 것이 아니었다. 목수로서의 힘든 삶을 사는 것이 내 아버지께 가장 큰 영광을 드리는 방법이었다.

나자렛을 떠나 공생활을 시작할 때, 내가 메시아라는 사실과 하느님의 아들임을 사람들이 깨닫도록 하여, 그들이 나를 존경하고 나의 가르침을 순순히 받아들이게 할 수도 있었다. 그러나 나는 그렇게 하지 않았다. 모든 일에 있어서 하느님 아버지의 뜻에 따르는 것이 나의 유일한 바람이었기 때문이다.

수난 시기에 이르러 나는 어떤 사람들에게서는 잔혹한 고통을 받았고, 또 어떤 사람들에게서는 참기 힘든 모욕을 당했으며, 사랑하는 제자들에게서는 배반당하고 버림까지 받았다. 수많은 군중이 나에게 배은망덕한 언행을 퍼부어 댈 때에도, 나의 육신에 치명적인 고문이 가해질 때에도, 나는 너희에 대한 뜨거운 애정으로 하늘에 계신 나의 아버지의 뜻에 순종했다.

이와 같이 너희도 인간적 본능에서 우러나오는 모멸감이나 섭섭함을 극복하고 세상의 온갖 박해를 뛰어넘어 하느님의 뜻에 기꺼이 복종한다면, 하느님과 긴밀히 결합하게 되어 이루 말할 수 없는 기쁨을 누리게 될 것이다.

스스로 자신을 낮추는 겸손과 은둔의 생활을 하고 싶으면서도, 세속에 살며 남들이 하기 싫어하는 일을 말없이 수행하고 있는 영혼들에게 말하겠다.

선택된 영혼들아! 진정한 행복과 완덕은 너희 취향대로 생활하는 데 있는 것이 아니다. 너희가 개방된 세상에서 생활을 하든, 은둔 생활을 하든 간에 그 생활 자체가 완덕이 될 수는 없다. 또한 너희가 타고난 자질을 드러내거나, 숨기는 자체에 완덕이 있는 것도 아니다. 오로지 하느님만을 사랑하고 하느님의 영광을 위하며, 하느님의 뜻에 너희 자신을 일치시키는 것이 성덕으로 나아가는 길이다.

사랑하는 영혼들아! 나를 사랑한다면 나의 뜻을 따르라. 나의 뜻을 따르는 것이 나를 사랑하는 길이며, 완덕으로 나아가는 지름길이다.

## ✠ 사형 선고를 받으신 예수님 (3월 24일)

내가 바라빠보다 더 악랄한 죄수로 취급받았을 때에, 순수하고 부드러운 나의 성심이 받은 치명적인 손상에 대해 잠시 묵상하여라.

나의 어머니가 당신 가슴에 나를 포근하게 품어 주셨던 사랑과 나의 양아버지가 나를 양육하느라 고생하고 지쳐 기진맥진하시던 모습이 떠올랐다. 그리고 이 순간 나에게 손가락질하며 은혜를 원수로 갚고 있는 백성들에게 내가 베풀어 주었던 은혜가 생각났다.

나는 소경을 눈뜨게 하고 병자를 낫게 해 주었으며, 앉은뱅이를 다시 걸을 수 있게 해 주었다. 어디 그뿐이랴! 광야에 모인 수천 명의 군중에게 음식을 주었고, 심지어는 죽은 자를 다시 소생시켜 주기까지 하였다.

그런데 지금은 범죄자로 몰려, 이제껏 받아 본 적이 없는 미움의 대상이 되었구나. 게다가 강도와 함께 사형당할 운명에 처하게 되다니! 드디어 빌라도는 나에게 사형 선고를 내렸다.

사랑하는 영혼들아! 내 성심의 고통을 깊이 헤아려 다오.

## ✤ 양심의 가책을 느낀 유다의 죽음(3월 24일)

유다는 나를 팔아넘긴 후에, 자신이 저지른 끔찍한 독성죄를 꾸짖는 양심의 소리로부터 벗어날 수 없었다. 도망치듯 올리브 산에서 물러 나온 그는 이리저리 방황하다가, 내가 사형 선고를 받았다는 소식을 듣고 죄책감에 시달리다 못해 목을 매어 자살했다.

나를 따라다니며 사랑을 배우고, 오랫동안 나와 함께 생활했던 유다! 나의 가르침을 듣고, 하느님 나라의 진리를 배운 유다! 극악무도한 죄인도 용서하겠다는 말을 내게서 직접 들은 유다의 영혼이 영원히 구원될 수 없는 멸망의 구렁텅이에 빠져 죽는 것을 보았을 때, 나의 성심은 찢어지는 아픔을 느꼈다. 그 누가 이 참담한 고통을 이해할 수 있단 말이냐?

아! 유다야, 왜 내게 용서해 달라고 빌지 않았느냐? 광기에 미쳐 날뛰는 무리 속을 헤집고 나에게 다가오기가 무서웠다면, 나를 바라보기만 했어도 되지 않았느냐? 나의 눈길이 항상 너를 향해 있으니, 네가 나를 쳐다보기만 했어도 너는 내 자비와 용서의 눈길을 마주할 수 있지 않았겠느냐?

죄책감에 시달리고 있는 불행한 영혼들아! 지은 죄 때문에 도피 생활을 하며 방황하는 영혼들아! 너희가 지은 죄 때문에 영혼의 눈이 멀어 나를 바라볼 수 없을지라도, 절대로 낙심하거나 자포자기하지 마라. 또 성정이 유약하여 탈선했을지라도 희망을 잃어서는 안 된다.

너희를 죄악에 빠지게 한 공범자가 너희를 버려두고 떠나고, 너희만 남아 그 죄를 뒤집어쓰게 되었을 때에도 절대로 좌절하지 마라. 너희가 생명을 유지하고 있는 한, 언제든지 인자하신 하느님 앞에 무릎을 꿇고 용서를 빌면 모든 것이 해결된다.

한때 너희가 젊은 혈기로 올바르지 못한 생활을 한 결과로 지금 죽음을 목전에 두고 있을지라도, 무서워하거나 두려워하지 마라. 세상 사람들은 너희를 죄인 취급하며 모욕하고 멀리하겠지만, 인자하신 하느님께서는 너희가 지옥 불에 떨어지는 것을 원치 않으신다. 하느님께서는 언제든지 너희를 용서하시며, 너희가 당신께로 가까이 오기를 간절히 원하고 계신다.

너희가 감히 하느님께 말씀드릴 용기가 나지 않으면, 너희의 뉘우치는 한숨 소리라도 하느님께 올려 드려라. 그러면 너희를 용서하시고, 너희를 생명의 샘터로 인도하시는 하느님의 손길을 접하게 될 것이다.

너희가 한때의 반항심 때문에 고의적인 악행을 일삼다가 죽음의 문턱에 이르게 되었다고 가정해 보자. 이럴 때에 너희는 절대로 자포자기하여 눈을 감아서는 안 된다. 스스로 포기한다면, 이것은 영원한 생명을 그르치는 일이 된다.

 잘 들어 두어라! 너희 생명이 단 일 초만 남았을지라도 용서받을 수 있는 여지는 아직 남아 있다. 목숨이 경각에 달려 있는 이 시점에도 영원한 생명을 주시려는 하느님의 배려가 분명히 있다.

 너희가 삶의 진정한 의미도 모른 채 타락한 생활로 일생을 허송세월하다가, 또 이웃과 사회에 큰 화를 끼친 후에야 비로소 자신의 잘못을 깨닫게 되었다 하자. 이럴 때 너희는 낙심하지 말아야 한다. 오히려 너희는 이미 저지른 죄 이상으로 깊이 뉘우치고, 너희가 뉘우치도록 배려하고 용서해 주려고 기다리시는 하느님께 굳은 신뢰심을 가지고 다가가거라.

 지금까지 내가 한 말은 처음에는 나의 계명을 충실히 지키다가, 점차 편한 생활에 빠져 나에게서 멀어져 가는 영혼들도 들으라고 하는 소리다.

 사랑하는 영혼들아! 어서 분발하여라. 타성에 젖은 자기 영혼들을 깨워, 나에게 오너라. 그때야 그 생활이 영원한 삶을 얻는 데 헛되고 무익한 것이었음을 깨닫게 될 것이다. 악의 세력은 너희를 시기 질투하여, 온갖 수단을 다 동원하여 습격한다. 너희 영혼 속에 침투하여, 좌절과 공포와 혼란으로 너희를 쇠약하게 하고 병들게 한다. 또한 너희의 잘못을 과대 포장하여,

너희를 두려움과 실의에 빠지게 한다.

내게 속해 있는 영혼들아! 저 악랄한 악마의 말에 귀를 기울이지 마라. 내가 너희에게 은총을 베풀어 너희가 위기에 처하게 되었을 때 경종을 울릴 것이니, 악의 세력과 싸움이 시작되기 전에라도 나의 성심 안으로 돌아오너라. 그리고 너희 영혼 위에 나의 성혈 한 방울만이라도 떨어뜨려 달라고 나에게 간청하여라.

어서 나에게 달려오너라. 신앙의 장막으로 가려진 곳에 내가 있다는 것을 너희는 알고 있지 않느냐? 어서 나의 장막 안으로 들어와, 나를 완전히 신뢰하는 마음으로 너희 허물과 가련함을 아뢰어라. 나는 너희가 하는 말을 경청할 것이니, 너희는 너희가 저지른 죄에 대하여 혹시 내가 문책하지나 않을까 두려워하지 마라.

나의 성심은 너희의 잘못된 과거를 내 사랑의 바다에 잠기게 하겠다. 너희의 잘못은 너희를 겸손하게 하고, 한층 더 노력하게 할 것이다. 너희가 나를 더 사랑하려면, 나에게 용서를 빌고 너희가 지은 죄보다 나의 자비가 그지없이 넓다는 사실을 믿고 의지하여야 한다. 나의 자비는 너희 모든 영혼의 허물을 모두 감싸 안고도 남을 만큼 무한히 넓다.

사랑하는 영혼들아! 내 사랑의 바닷속에 잠겨 많은 영혼이 나의 성심을 알 수 있게 해 달라고 하느님 아버지께 기도드려라.

## ✣ 골고타에 오르시다 (3월 26일)

사랑하는 영혼들아! 십자가를 지고 골고타로 가는 나를 따라오너라. 영원한 멸망의 낭떠러지에 떨어진 유다 때문에 나의 성심은 근심과 아픔의 바다에서 괴로워하고 있다. 그러나 이 악한 무리는 이러한 나의 고통은 아랑곳하지 않고, 으스러진 내 어깨 위에 그 무거운 십자가를 올려놓았다. 동정심도 없는 그들이 어떻게 이 세상을 구속하는 십자가의 신비를 알겠느냐?

천상의 천사들아! 나를 보아라. 삼라만상의 창조주시며, 너희가 끊임없이 흠숭하는 하느님의 아들이 마지막 숨을 거둘 거룩한 십자 나무를 지고 골고타에 오르고 있는 것을 보아라.

나를 본받으려는 충실한 영혼들아! 너희도 십자가를 지고 골고타에 오르고 있는 나를 묵상하여라. 혹독한 고문을 받아 부서지고 찢어진 내 몸에서 피와 땀이 흐르고 있다. 기진맥진하여 발걸음조차 옮기기 힘든 나를 보아라. 고통 중에 신음하는 나를 동정하는 영혼들이 하나도 보이지 않는구나. 이 악한 무리는 나를 불쌍히 여기기는커녕, 잡아먹을 듯 으르렁거리는구나.

기력이 쇠진하여 십자가의 무게를 견디지 못하고 넘어진 나를 난폭하게 일으켜 세우는 이 무정한 악도들을 보아라. 어떤 자는 내 팔을 잡아끌고, 어떤 자는 상처에 들러붙어 있는 내 옷을 잡아당기고, 어떤 자는 내 목을, 또 어떤 자는 나의 머리카락을 움켜잡는구나. 어디 그뿐이랴. 나에게 주먹질에다 발길질까지 한다.

무거운 십자가는 나를 찍어 누르고, 찢어지고 갈라진 내 얼굴, 흐르는 피는 모래바람에 섞여 눈을 가리며 내 얼굴에 말라붙는다. 이 몰골을 어찌 사람의 모습이라 할 수 있겠느냐? 나는 이 세상에서 가장 불쌍한 자가 되었다.

## ✤ 성모님을 만나시다 (3월 26일)

나를 따라오너라. 몇 걸음만 더 가면 나의 어머니를 만날 수 있을 것이다. 고통의 칼에 마음이 찔리신 나의 어머니께서 내게로 다가오신다. 오시는 이유는 두 가지다. 하나는 하느님께 인내하는 힘을 얻어 나에게 주시려는 것이고, 다른 하나는 제지하는 악의 무리를 뿌리치시고 나에게로 오시어, 나에게 구속 사업을 완성할 수 있도록 용기를 주시기 위해서였다.

내 어머니가 받은 마음의 상처가 어떠하셨겠는지 상상해 보아라. 어느 누구보다도 나를 끔찍이 사랑하시는 어머니시다.

어머니는 내게 아무런 위로의 말씀도 건네지 못하시고, 도리어 내가 더 고통스러워할 것을 잘 알고 계신다. 나 역시 어머니를 위로하여 드리지 못할 뿐 아니라, 오히려 내가 당하고 있는 고통으로 인해 어머니가 더 고통스러우시리라는 것을 잘 안다.

오! 나는 육신의 죽음을 당하지만, 나의 어머니는 마음의 죽음을 당하고 계신다. 나의 눈은 어머니를 응시하고, 어머니는 나를 응시하신다. 어머니는 한마디도 하지 않으신다. 그러나 이런 비참한 만남 중에, 나와 나의 어머니가 마음으로 어떤 대화를 나눴는지 아느냐?

실제로 나의 어머니는 하느님께서 계시하셨던 나의 고난과 나에게 가해졌던 형벌에 함께 참여하셨다. 나에게 사형이 언도되자 나의 제자들 중 대부분은 유다인들이 두려워 멀리 도망갔지만, 나의 어머니는 조금도 두려워하지 않으시고 나를 만나러 오셨으며, 내가 십자가에서 운명하여 무덤에 묻힐 때까지 한시도 나를 떠나지 않으셨다.

### ✣ 키레네 사람 시몬이 십자가를 짊어지다 (3월 27일, 성주간 화요일)

사랑하는 영혼들아! 나를 따라오너라. 군중이 골고타로 몰려오고 있다. 이 악한 무리는 내가 목적지에 도착하기 전에 죽을

까 염려하여 십자가 운반을 거들어 줄 사람을 구하자는 데 동의한다. 그래서 군중 가운데서 시몬이라는 사람을 불러낸다. 너희는 나를 도와 내 뒤에서 십자가를 지고 있는 그를 보며 이 두 가지를 깊이 생각해 보아라.

이 사람은 착한 사람이지만 품삯을 받고 십자가 운반을 거들어 주고 있다. 이 사람은 나와 함께 십자가를 나누어 지고 있으나, 자신이 원해서 하는 것이 아니다. 악의 무리가 시켜서 마지못해 거들고 있다.

그는 십자가의 무게 때문에 힘이 들자, 내 어깨 쪽으로 십자가를 밀어붙였다. 그래서 도중에 나는 두 번이나 더 넘어졌다. 이 사람은 내 십자가를 전부 다 짊어지고 있는 것이 아니라 한 부분만 지고 있을 뿐이다. 시몬을 보면서 두 가지 상황에서 비유적 의미를 찾을 수 있다.

시몬 같은 영혼은 많이 있다. 내가 십자가를 함께 지자고 요청하면 그들은 주저하지 않고 그에 동의한다. 그리고 자신의 완전한 삶을 위해 나를 따르겠노라고 약속한다. 그러나 이런 영혼들은 자기 이익이나, 자기만족을 위한 세상일을 버리지 않는다. 그러므로 십자가가 무겁게 느껴지면, 비틀거리며 십자가가 몸에서 떨어지도록 내버려 둔다.

이런 영혼들은 가능하면 고통을 적게 받으려고 꾀를 부리며,

다른 영혼들에게 사랑과 자비의 덕을 베푸는 데 인색하다. 그리고 자기 자신을 낮추는 겸손도 없고, 힘이 드는 비천한 일이나 번거로운 일은 아예 할 엄두도 내지 않는다.

이런 영혼들은 마지못해 십자가를 짊어졌던 것을 후회하며, 자기 편의와 쾌락을 위한 일만 찾아다닌다. 한마디로 자기 이익을 위해 나를 따르는 이기적인 영혼들이다. 이들은 자기들을 속박하는 일을 피해 다니다가 어쩔 수 없는 경우에만 마지못해 받아들이는 영혼들이다.

이들이 십자가를 지고 가는 나를 돕기 위해 전심전력하지 않으므로 그 가치는 미미하다. 자기 구원에 없어서는 안 될 공로를 간신히 마련하는 정도에 그칠 뿐이다. 이런 영혼들은 영원한 세계에 들어가서야 비로소 이런 사실을 깨닫게 될 것이다.

이와 반대로 자신의 욕구보다 내가 모든 영혼을 위해 감수하고 있는 고통을 귀중하게 생각하고, 나를 사랑하는 마음으로 골고타를 향하여 가고 있는 나를 따르겠다고 결심한 영혼도 많이 있다.

이런 영혼들은 신앙생활이 완전히 자리 잡힌 영혼들이다. 이들은 십자가의 일부분이 아니라, 전체를 짊어지기 위해 자기 일생을 모두 헌신하여 봉사하는 영혼들이다. 이들은 나를 쉬게 하고, 나를 위로하겠다는 갸륵한 뜻을 지닌 영혼들이다.

이들은 이를 위하여 내가 요구하는 모든 일에 자신들을 희생하며, 나의 뜻에 부합되는 일만 찾아다닌다. 이들은 보상을 받겠다는 생각도 하지 않으며, 십자가 지는 일을 수고라고 여기지도 않는다. 이들은 내가 시키는 일이 힘들고 피곤하다는 내색도 하지 않고 묵묵히 해 나간다. 이들의 유일한 목적은 나에게 자기 사랑을 증명해 보이고, 나의 성심을 위로하는 데 있다.

나는 나의 십자가를 갖가지 모양으로 바꾸어 이 영혼들에게 지워 준다. 질병에서 오는 고통의 십자가, 자기 취미나 재능에 상반되는 일을 하는 데서 오는 불편의 십자가, 윗사람들이 인정해 주지 않는 데서 오는 억울함과 서운함의 십자가, 십자가인 줄도 모른 채 날벼락처럼 지워지는 황당함의 십자가 등등. 그러나 이 영혼들은 어떠한 형태의 십자가든 자신들에게 주어진 십자가를 완전한 자기 의지와 순종하는 마음으로 짊어진다.

이 영혼들은 나의 성심을 사랑하는 일과 다른 영혼들의 구원을 위한 일이라면 열과 성의를 다하여 그때그때의 상황에 가장 적절한 십자가를 기꺼이 짊어진다. 나의 사랑에 감화된 이 영혼들은 나의 십자가 때문에 고통을 당하거나 천한 지위에 떨어질 때도 있지만, 훗날 그들이 상상조차 하지 못할 만큼 큰 수고의 열매를 거둘 수 있게 될 것이다. 이 영혼들은 생각지도 못했던 수확에 감복하여 나의 십자가를 숭배하고 봉헌하며, 나의 영광을 현양하기 위해 사용할 것이다.

오! 이런 영혼들이야말로 사랑 외에 아무런 이익을 바라지 않고 진정으로 십자가를 질 줄 아는 복된 영혼들이며, 내가 안심하고 쉴 수 있도록 배려하고 나를 현양하는 영혼들이다. 내가 너희에게 지워 준 십자가 때문에 오랫동안 고통을 당하고 고통당한 만큼의 효과를 당장 볼 수 없을지라도, 너희가 쌓아 온 노고가 헛되고 무익한 것이 아니라는 것을 명심하여라. 나중에 틀림없이 풍성한 수확을 거두게 될 것이다.

진실한 영혼들은 자기가 짊어진 십자가의 고통과 수고에 대한 값어치를 계산하지 않으며, 그 어떤 보상도 바라지 않는다. 또 하느님께 크나큰 영광이 될 것이라고 생각되는 일이면 물불을 가리지 않고 찾아내어 실천하며, 그 일을 했다 하여 수고의 대가를 요구하지 않는다.

이런 진실한 영혼들은 하느님에 대한 사랑으로 자기 과업을 성실하게 수행하기 때문에, 마음이 흔들리거나 불안해하는 일이 없다. 또한 뭇사람들로부터 거부당하고 박해받는 상황에 처하게 될지라도, 마음의 평화를 잃지 않는다. 어려운 과업을 수행하고 있는 동기가 사랑에 있으니, 이들은 오로지 그 사랑에 결과를 맡길 뿐이다.

고통과 수고의 대가를 바라지 않는 영혼들이 바로 진실한 영혼들이다. 그들이 바라는 것은 오로지 나를 위로하고 나를 안식하게 하며, 나에게 영광을 바치겠다는 것뿐이다. 이것이 바로 그들이 나의 십자가를 통째로 받아, 자기 어깨에 짊어지는 이유다.

## ✤ 십자가에 못 박히시다 (3월 28일, 성주간 수요일)

골고타에 이르렀다. 나를 십자가에 처형할 시간이 임박하자, 군중이 소란스럽다. 나는 이미 기진맥진하여 간신히 걸음을 옮길 정도다.

골고타로 가는 도중에 나는 세 번이나 넘어졌다.

첫 번째 넘어짐은 악습의 뿌리가 깊이 박힌 죄인들에게 회개할 수 있는 힘을 주기 위해서다. 두 번째 넘어짐은 미미한 역풍이 불어도 겁을 먹어, 더 이상 정진하지 못하는 나약한 영혼들에게 용기를 주기 위해서다. 세 번째 넘어짐은 죽음의 문 앞에 있는 영혼들이 죄악에서 벗어나 구원받을 수 있도록 그들에게 힘을 주기 위해서다.

나를 둘러싸고 있는 난폭한 무리를 보아라. 어떤 이는 십자가를 땅에 내려놓고 나에게 못질할 준비에 여념이 없고, 어떤 이는 피가 말라붙은 나의 상처를 건드려 다시 터뜨리며, 또 어떤 이는 나의 옷을 벗기느라 분주하다. 터진 상처에서 다시 피가 흘러나오고 있다.

사랑하는 영혼들아! 벌거벗은 모습으로 군중 앞에 세워져 창피를 당하고 있는 나를 상상해 보아라. 이미 만신창이가 된 육신에 가해진 폭행과 고문으로 나는 통증에 시달리고, 나의 영혼은 형언할 수 없는 수모에 시달리고 있다. 나의 어머니가 공들여 만들어 입혀 주신 내 옷가지들을 저 포악한 병사들이 제비를 뽑아 나누어 가지다니…….

이 한심하고 무도한 장면을 목격하신 내 어머니의 고통을 보아라. 피에 젖고 내 살이 묻어난 소중한 옷가지를 회수하고 싶어도 어쩔 수 없이 빼앗기고 만 내 어머니의 저 애처로우신 마음을 보아라.

드디어 그 시간이 되었다. 악한 무리가 나를 십자가 위에 눕힌다. 나의 손을 잡아 구멍을 낼 자리로 끌어당긴다. 사정없이 잡아당기고 있구나. 십자가가 흔들릴 때마다 가시관을 쓰고 있는 나의 머리는 힘없이 이리저리 흔들린다. 머릿속에 박힌 가시들은 더 깊이 박히고…….

나의 오른손을 뚫는 망치 소리가 들리지 않느냐? 그 둔탁한 소리가 땅속까지 울려 퍼진다. 나의 왼손에도 못질이 가해지고 있다. 이 처참한 광경에 하늘도 떨고, 천사들도 차마 눈뜨고 볼 수 없어 눈을 가리고 엎드려 있다. 나의 침묵은 더욱 깊어지며, 내 입에서는 한마디 탄식의 소리도 나오지 않는다.

그들은 나의 손에 못을 박은 다음, 나의 발을 잡아당긴다. 굳어진 상처가 다시 터지고, 힘줄이 끊어지고, 뼈가 드러나며 내 고통도 더욱 심해진다. 나의 발은 짓무르고, 내 피는 땅을 적신다. 구멍 뚫린 나의 손과 발, 벌거벗겨진 몸 구석구석에 깊이 패인 상처, 날카로운 가시에 찔린 채 피와 땀과 먼지가 뒤섞여 참혹한 몰골이 된 나의 머리를 바라보아라.

이 잔혹한 고통 중에도 침묵으로 일관하면서 인내에 인내를 거듭하고 있는 이 희생 제물을 보아라. 너희가 보는 앞에서 고통과 모욕을 당하고 있는 이 희생 제물이 과연 누구더냐? 너희의 예수 그리스도다. 하느님의 아들이다.

하늘과 땅과 바다를 창조하고 땅과 바다에 온갖 초목과 생물이 자랄 수 있게 했으며, 존재하는 모든 사물에 생명력을 불어넣어 주는 나! 너희 인간을 빚어내어 번성하게 하며, 우주 만물을 지배하는 능력을 가지고 있는 나! 바로 너희의 예수다. 이런 내가 지금 너희가 보는 앞에서 몸에 걸치고 있던 옷마저 빼앗기고 십자가에 매달려 있다.

그러나 언젠가는 무수히 많은 영혼이 십자가에 못 박혀 있는 나에게 영광을 바치고, 나의 사랑을 세상에 증거하기 위해 나를 따라올 것이다. 자신들이 누리고 있던 재산, 안락, 영예뿐만이 아니라, 심지어는 자신들의 보금자리인 가정과 고향을 떠나 나를 따라올 것이다.

하늘의 천사들아! 그리고 나를 사랑하는 모든 영혼들아! 눈을 떼지 말고 나의 십자가를 지켜보아 다오. 병사들이 박힌 못을 고정시키려고 내가 매달려 있는 십자가를 뒤집고 있다. 내 몸무게 때문에 못이 빠지는 것을 막으려는 심산이다. 그들이 십자가를 뒤집는 바람에 나의 몸은 땅바닥에 엎어진다. 튀어나온 못을 구부려 고정시키려고 두드려 대는 망치 소리가 골고타 구석구석에 울려 퍼지고 있다.

이런 끔찍한 광경을 말없이 바라보시면서 하느님 아버지께 자비를 빌고 계시는 나의 어머니 앞으로 천사들이 무리 지어 내려오고 있다. 병사들이 십자가를 뒤집어 놓고 못질할 때, 내가 십자가에 눌리지 않게 하려고 천사들이 십자가를 떠받들고 있다. 사정없이 내리치는 병사들의 망치질에 온 우주가 경악하고 하늘은 침묵하며, 천사들은 엎드려 경배한다.

오! 하느님께서 십자가에 못 박히셨다! 십자가에 달린 너희의 예수를 바라보아라! 벌거벗겨진 채 미동도 없이 매달려 있다. 불쌍하다고 여기는 이도 없고, 그 고통을 동정하는 이도 없다. 존경은커녕 조소와 차가운 눈초리만 있을 뿐이다. 내게는 십자가에서 내려갈 자유마저도 없다. 단지 찢어지는 아픔만 있을 뿐이다.

사랑하는 영혼들아! 너희가 정말 나를 사랑한다면, 너희도 스스로 나와 똑같은 처지에 있어야 한다. 내가 당하고 있는 고통을 똑같이 당하겠다는 각오로 마음의 준비를 단단히 하여라.

나와 똑같은 길을 가려면 내가 너희에게 당부하는 것을 잘 지키고, 나를 위로할 수 있는 일이라면 무엇이든지 지체없이 실행하여라. 어서 무릎을 꿇고 땅에 엎드려, 내가 너희에게 하는 말을 들어라.

"나의 성심이 너희 마음속으로 개선하여 들어가노라. 나의 사랑은 예전의 너희를 파괴하여 가련한 너희가 되게 하겠노라. 너희의 가련함 때문에 나는 이 세상에 높이 드러나리라."

### ✠ 예수님이 십자가 위에서 하신 일곱 가지 말씀(3월 30일, 성금요일)

사랑하는 영혼들아! 너희는 이제 나의 고통을 헤아릴 수 있을 것이다. 끝까지 나를 따르며 내 고통 중 한몫을 차지하여라.

나의 십자가가 세워졌다. 자, 지금이 바로 이 세상이 구원되는 순간이다. 내가 군중의 조롱거리가 되고 구경거리가 되었지만, 그 대신 많은 영혼이 나를 사랑하게 될 것이다.

지금 이 순간까지는 죄인들의 사형 도구였던 이 십자가가 앞으로는 이 세상을 비추는 생명의 빛이 되고, 평화의 횃불이 될 것이다.

죄인들은 나의 거룩한 상처 때문에 용서받아 새 생명을 얻게 되고, 나의 피는 모든 영혼의 허물을 깨끗이 씻어 없애 줄 것이다.

순결한 영혼들은 나의 상처에서 흘러나오는 성혈로 갈증을 풀고, 나를 사랑하는 애정의 불길에 자신들을 태울 것이다. 나는 나를 사랑하는 영혼들 안에 자리 잡아 영원히 그들과 함께 살 것이다.

1. 첫째 말씀

"아버지, 저들을 용서해 주십시오. 저들은 자기들이 무슨 일을 하는지 모릅니다"(루카 23,34).

아버지, 저들은 제가 생명을 주는 구세주임을 모르고 있습니다. 저들의 죄악으로 인해 아버지의 의노가 저들 머리 위로 내릴 지경이 되었습니다. 그러나 아버지시여 간절히 비오니, 당신 자비의 모든 힘을 저들 위에 내려 주십시오.

2. 둘째 말씀

"너는 오늘 나와 함께 낙원에 있을 것이다"(루카 23,43).

너희가 하느님 아버지의 자비하심을 믿기에, 하느님께서 너희의 모든 죄를 용서해 주실 것이다. 나는 너희를 영원한 생명의 나라로 인도하겠다.

### 3. 셋째 말씀

"여인이시여, 이 사람이 어머니의 아들입니다"(요한 19,26).

오, 나의 어머니! 제 형제들이 이 자리에 모여 있습니다. 이들을 보살펴 주시고 지켜 주시며, 사랑해 주십시오.

내가 너희를 위해 나를 바쳤으니, 너희는 혼자 외롭게 남겨진 것이 아니다. 너희에게는 너희가 언제든지 찾아가 뵙고 의지할 수 있는 어머니가 계시다. 나는 너희를 형제의 사슬로 내게 묶어 놓았다. 그래서 너희가 어렵고 힘들 때에 어머니께 의지할 수 있도록 나의 어머니를 너희의 어머니가 되게 하였다.

### 4. 넷째 말씀

"저의 하느님, 저의 하느님, 어찌하여 저를 버리셨습니까?" (마태 27,46; 마르 15,34)

진심으로 하는 말이다. 지금부터 너희는 하느님께 "어찌하여 저를 버리셨습니까?"라고 여쭐 수 있는 자격이 있다. 나의 구원 사업의 혜택으로 너희는 하느님 아버지의 자녀가 되었으며, 예수 그리스도인 나의 동생이 되어 나와 함께 내 구원 사업의 동업자가 되었기 때문이다.

### 5. 다섯째 말씀

"목마르다"(요한 19,28).

오, 아버지! 당신께 영광을 드리기 위해 목이 타들어 가는 듯한 갈증을 느끼고 있습니다. 때가 이르렀습니다. 십자가의 죽음이 실현되는 순간, 비로소 온 세상은 아버지께서 저를 보내신 사실을 알고 아버지를 현양할 것입니다. 당신께 영광을 드리고 영혼들을 구원하려는 열정에 사무쳐 심한 갈증을 느낍니다. 이 목마름을 풀려고 마지막 한 방울의 피까지 모두 당신께 바쳤습니다. 그러므로 이렇게 말씀드립니다.

### 6. 여섯째 말씀

"다 이루어졌다"(요한 19,30).

아버지께서 인간에게 영원한 생명을 회복시켜 주시기 위하여 당신의 친아들을 죽음에 부치신 사랑의 위대하신 섭리가 지금 완성되었습니다. 당신의 뜻을 이루기 위해 이 세상에 와서 당신 뜻대로 모두 이행했습니다. 아버지! 이제야 아버지의 뜻대로 모든 것을 다 채웠습니다.

### 7. 일곱째 말씀

"아버지, 제 영을 아버지 손에 맡깁니다!"(루카 23,46)

"제 영을 아버지 손에 맡깁니다."

나의 뜻을 따라 사는 영혼들은 이렇게 자신 있게 하느님께 말씀드릴 수 있다.

"이제 다 이루었습니다! 저의 주님, 저의 하느님이시여, 제 영혼을 받으소서. 제 영혼을 당신 손에 맡깁니다."

요세파야! 네가 나에게서 들은 것을 기록하여 다른 영혼들에게 알려 주어라. 목마른 자는 마시게 해 주고, 배고픈 자에게는 먹을 것을 주는 내가 아니냐? 이 모든 사실을 기록하여 나를 애타게 찾는 영혼들이 읽을 수 있게 하여라.

## ✠ 예수 성심의 메시지

나는 춥고, 배고프고, 목마르다……. 나의 선량한 사제들에게 말해 다오. 추워 떨고 있는 나를 따뜻하게 해 주려면, 나에게 사랑을 주고 그들의 영혼까지 모두 나에게 바치라고. 내가 너희를 사랑하기 때문에, 너희를 위해 죽지 않았더냐!

나는 보배가 쌓여 있는 나의 창고 문을 활짝 열어 놓았다. 이렇게까지 하는 데도 많은 영혼이 나를 멀리하고, 심지어는 배척하기를 서슴지 않고 있다. 그런데도 불구하고 사랑하올 내 어머니께서는 사랑과 연민의 보물이 가득 쌓여 있는 나의 성심을 활짝 열어 놓으라고 간청하신다. 나의 어머니 덕분에 나의 성심에 대한 신심이 널리 전파되어, 내게 큰 위로가 되었다.

나의 성심을 열어 놓음으로 인해 많은 영혼이 나의 마음속에 자리 잡게 되었다. 그러나 내 마음속에 들어온 영혼들이 나의 성심 속에 있는 보배의 가치를 깨닫게 되기까지 얼마나 많은 세월이 흘러야 할까……. 나의 어머니는 보배를 더 내놓으라고, 선량한 영혼들이 나의 사랑과 자비의 바다에 푹 잠길 수 있게 하라고 나에게 자꾸만 간청하고 계신다.

오! 나의 성심이 간절히 당부하는 소리를 땅끝까지 전해 주기 바란다. 그중에서도 특별히 내가 끔찍이 아끼고 있는 사제들에게 전해 주어라.

나의 사제들은 '다른 나(Alter ego)'다. 나의 사제들이 내가 자신들과 친밀하게 결합하고 싶어한다는 사실을 잊지 말아야 할 텐데……. 그러나 실제로는 나의 성심과 자기 마음을 일치시킨 사제들은 얼마 되지 않는다. 나의 성심과 일치하려면 그들이 지니고 있는 애정과 힘을 한데 모아, 그들 마음속 깊이 자리 잡고 있는 나에게 집중시켜야 한다.

모든 사제들에게 이렇게 외쳐라. 추운 북쪽 나라에서 영혼들에게 나의 성심을 전해 주려고 눈 속을 헤매고 있는 사제들, 무더운 남쪽 나라에서 찌는 듯한 무더위와 싸우며 나의 복음을 전파하는 사제들, 나의 깃발을 높이 쳐들고 악의 세력과 힘차게 싸우고 있는 사제들, 구원 사업에 밤낮을 가리지 않을 뿐만 아니라 제 몸조차 돌보지 않은 채 동분서주하는 사제들, 나를 위해 박해를 당하거나 열악한 상황 중에서도 구원 사업을 위해 악전고투하는 사제들, 이러한 모든 사제에게 내가 얼마나 그들을 사랑하고 있는지를 알려 주어 사랑의 열정에 불타고 있는 내 성심의 소리에 귀 기울이게 하여라.

일단 한번 합치면 절대로 떨어질 줄 모르는 결합, 다시 말해서 나의 성심과 일치하여 하나가 되어야 한다는 나의 당부를 큰 소리로 전해 주어라.

이처럼 헌신하고 있는 사제들에게 내려 줄 축복은 내가 이미 정해 놓았다. 나의 성심과 일치하는 생활은 과거에 영위하던 생활과는 전혀 다른 신성하고도 신비로운 일치의 생활이며, 그 결실을 풍성히 거둘 수 있는 보람 있는 생활이다.

대부분의 사제들은 영혼들에게 나의 성심과 일치해야 한다는 점을 잘 가르치고 있으며, 나의 성심과 일치된 생활을 동경하는 사제들도 적지 않다. 그러나 실천적으로 나의 성심과 일치된 생활을 해야 한다는 것을 깨닫고 있는 사제들은 그다지 많지 않다.

나의 구원 사업에 온 힘을 쏟는 경건한 사제들 중에서 그들의 심중에 들어가 완전히 하나가 되고자 하는 나의 열망을 이해하고 있는 사제들은 소수에 불과하다. 그 원인은 그들의 마음이 산만하게 흩어져 있기 때문이다. 다시 말해 그들의 영혼이 표면적인 신앙생활을 하고 있기 때문이다.

만일 이들이 가식적인 생활과 인간적인 애정을 완전히 벗어버리고 내가 머물고 있는 자신들의 마음속을 들여다보면 쉽게 나를 보게 될 것이며, 나와 일치하여 사랑과 광명의 생활에 몰입할 수 있게 될 것이다.

실제로 많은 사제가 바른 길을 걷고 있다. 대부분의 사제들은 스스로 삼가며 자신의 몸을 지킨다. 그러나 이에 만족하여 더 이상 거룩하고 고상한 생활에 정진하지 않는 것이 염려스럽다.

나는 이러한 사제들이 나의 어머니며, 자신들의 어머니신 성모님께 깊은 신뢰심을 가지고 매달리기 바란다. 나의 어머니께서는 사제들을 끔찍이 사랑하신다. 나의 어머니께서는 사제들을 위해 간절히 기도드리는 일을 낙으로 삼고 계신다. 그분은 내 성심의 보물 창고를 다 열게 하시어 그 보물들을 경건하고 선량한 모든 사제에게 나누어 주라고 거듭거듭 나에게 조르시는 분이다.

사랑하올 나의 어머니는 내 성심의 영원한 기쁨이시다. 사제들에게 헤아릴 수 없을 정도의 사랑과 애정의 은총을 내려 주도록 간구하시는 어머니께서 내 성심 안에 있는 보물 창고의 열쇠를 가지고 계신다는 점을 명심하여라.

# 부록 I

# 예수 성심 기도문

## ✣ 예수 성심 호칭 기도

○ 주님, 자비를 베푸소서.
● 그리스도님, 자비를 베푸소서.
○ 주님, 자비를 베푸소서.
　그리스도님, 저희의 기도를 들으소서.
● 그리스도님, 저희의 기도를 들어주소서.
○ 하늘에 계신 천주 성부님
● 자비를 베푸소서.
　(다음은 같은 후렴)
○ 세상을 구원하신 천주 성자님
　천주 성령님
　삼위일체이신 하느님
　영원하신 성부의 아들이신 예수 성심
　동정 마리아 몸에 성령으로 잉태되신 예수 성심
　하느님의 말씀이신 예수 성심
　영광과 위엄이 가득하신 예수 성심
　하느님의 성전이신 예수 성심
　지존하신 이의 장막이신 예수 성심
　하느님의 집이요 하늘의 문이신 예수 성심

사랑의 불가마이신 예수 성심

나눔과 베풂의 그릇이신 예수 성심

자비와 인정이 넘치시는 예수 성심

모든 덕행의 원천이신 예수 성심

지극히 찬미를 받으실 예수 성심

모든 마음의 중심이요 임금이신 예수 성심

온갖 지혜와 지식의 보고이신 예수 성심

천주성이 충만하신 예수 성심

성부의 기쁨이신 예수 성심

풍부한 은혜를 베푸시는 예수 성심

죽은 이들의 희망이신 예수 성심

지극히 자비로우시고 인내하시는 예수 성심

모든 이의 간구를 들어주시는 예수 성심

생명과 성덕의 샘이신 예수 성심

저희 죄를 용서하시는 예수 성심

극도의 모욕을 당하신 예수 성심

저희 죄로 찢기신 예수 성심

죽기까지 순명하신 예수 성심

창에 찔리신 예수 성심

모든 위로의 샘이신 예수 성심

생명이요 부활이신 예수 성심
평화요 화해이신 예수 성심
죄인들의 제물이 되신 예수 성심
주님께 바라는 이들의 구원이신 예수 성심
주님을 믿으며 죽는 이들의 희망이신 예수 성심
모든 성인의 즐거움이신 예수 성심
○ 하느님의 어린양, 세상의 죄를 없애시는 주님
● 저희를 용서하소서.
○ 하느님의 어린양, 세상의 죄를 없애시는 주님
● 저희의 기도를 들어주소서.
○ 하느님의 어린양, 세상의 죄를 없애시는 주님
● 자비를 베푸소서.
○ 마음이 어질고 겸손하신 예수님
● 저희 마음을 주님 마음과 같게 하소서.
† 기도합시다.
전능하시고 영원하신 하느님,
지극히 사랑하시는 성자의 성심을 보시고
죄인들을 대신하여 바친
성자의 찬미와 보속으로 마음을 푸시어
주님의 자비를 간구하는 저희를 용서하소서.

성자께서는 영원히 살아 계시며 다스리시나이다.
◎ 아멘.

## ✠ 예수 성심과 일치하여 바치는 봉헌 기도

영원하시고 인자하신 하느님 아버지,
당신 성자의 성혈과 그 상처를 받으시고,
영혼들을 위하는 주 예수의 성심을 받으소서.
가시에 찔린 머리를 보시고,
흘리신 성혈이 헛되지 않게 하소서.
저희 영혼을 당신께 드리기 위해 당한 목마름을 기억하시어,
저희 영혼이 멸망당하지 않게 하시며,
당신을 영원히 현양할 수 있도록 저희를 구원해 주소서.

영원하신 하느님 아버지,
당신 성자이신 예수 그리스도의 성혈로 씻은
저희 영혼들을 보소서.
성자의 희생으로 끊임없이 흐르는 성혈에 젖어 있는
저희 영혼들을 보소서.
저희 영혼들을 정화하기 위해 흘리신

당신 성자의 성혈을 보시어 저희 영혼들을 구원하소서.

지극히 거룩하시고 의로우시며
무한히 자비하시고 착하신 하느님,
사랑으로 사람의 생명을 만드시고,
사랑으로 하늘나라의 참된 행복을
이루는 데 참여케 하신 하느님,
당신 성자의 구속 공로를 받으시어
범죄한 죄인에게 내릴 당신의 의노를 거두소서.
당신 성자의 공로를 보시고
저희 죄인들을 용서해 주시고
당신의 자비하심으로
저희 영혼들이 하늘나라의 영원한 행복을 누릴 수 있는 자격을
회복시켜 주소서.

무한히 거룩하시고 인자하신 하느님,
당신께 흠숭을 드리오며,
밤낮으로 이 세상 곳곳에서
죄인들로부터 받으시는 모욕을 보속하겠나이다.
지금 이 시간에도 하느님의 눈앞에서 자행되고 있는

죄악을 가장 먼저 보속하려 하나이다.
제대 상에서 제헌되시는 당신 아드님의 희생을 받으시고,
당신을 사랑하는 저희 영혼들이 드리는
흠숭과 속죄의 행위도 함께 받아 주소서.

무한히 자비하시고 선하신 하느님 아버지,
죄인들의 능욕을 보상하기 위해 봉헌되시는
당신 아드님의 깨끗한 성혈을 받으시어,
그 성혈로 죄인들의 죄악을 씻어 주시고 자비를 베푸소서.

하늘에 계신 하느님,
당신 성자께서 받으신 상처를 보시고
저희 영혼들이 당신의 은총을 받기 위해 공로를 쌓다가
세상으로부터 입은 저희의 상처도 돌아보소서.
당신 성자이신 예수 그리스도의 손과 발을 뚫은 못으로
저희들의 굳어진 마음 뚫으시고,
성자의 성혈로 저희 영혼들을 깨끗이 씻어 주소서.
당신 성자의 어깨를 짓눌렀던
무거운 십자가의 무게를 헤아리시어,
고해소에 있는 영혼들의 죄짐을 벗겨 주소서.

하늘에 계신 하느님,
당신께서 사랑하시는 성자의 가시관을 바치나이다.
성자께서 당하신 가시관의 고통을 기억하시고,
그 가시관을 저희 영혼들에게 씌워 주시어,
저희들이 지은 죄를 아파하며 통회하게 해 주소서.

인자하신 하느님,
죄인들이 자기 죄로 말미암아 고통을 당할 때,
위로와 평화를 얻게 하기 위해
당신 성자께서 십자가 위에서 받으신
고독한 목마름과 모든 형고를 바치나이다.

연민이 충만하신 하느님,
자기를 못 박은 사람들을 위해서까지
기도하신 예수님의 마음을 생각하며 간구하오니,
모든 영혼들로 하여금 하느님을 사랑하고
이웃을 사랑하며 선에 항구하게 하여 주소서.
또한 성자의 고통을 영원한 행복으로 변하게 하셨듯이,
통회하고 보속하는 영혼들이 받는 고통을
당신의 영광으로 기워 갚게 해 주시고,

영원한 월계관으로 변하게 해 주소서.

지극한 사랑을 베풀어 주시며, 무한히 선하신 하느님,
하느님의 공정하심과 세상 죄악 사이에 자신을 두시고
당신께 용서를 간구하시는 성자 예수님을 보소서.

인자하신 하느님,
인간의 나약함을 불쌍히 보소서.
그들의 신심에 비추어 그들로 하여금
유혹에 빠지지 않게 하시며,
죄악을 물리치고 새로운 힘을 얻어
진리의 길로 나아갈 용기를 허락해 주소서.

영원하신 하느님,
당신 성자 예수 그리스도께서 수난하실 때 받으신 고통을 보소서.
영혼들에게 빛과 힘과 용서와 자비를 얻어 주시기 위해
성자께서 자기 자신을 당신 대전의 희생으로
바치셨음을 기억하소서.

지극히 거룩하신 아버지 하느님,

천사와 성인들도 감히 당신 대전에 나오기가 부당하나이다.
부당한 저희 영혼들이 생각과 욕심으로
숨어서 범한 모든 죄를 용서하소서.
저희 죄를 대신 보속하시려고,
가시관에 찔린 당신 성자의 머리를 보시고,
그 머리에서 솟아나고 있는 성혈을 받으시어,
이 성혈로 저희들의 때 묻은 정신을 씻어 주소서.
또한 이 성혈로 저희들의 어두운 판단 능력을
맑게 해 주시어 광명과 새 생명을 볼 수 있게 해 주소서.

지극히 거룩하신 하느님,
예수 그리스도의 고통과 공로에 의지하여
예수님의 이름으로 당신께 용서를 비오니
저희 자신을 헌신하여 바치는 저희 고통과 공로도
함께 받아 주소서.

인자하시고 사랑이 많으신 하느님,
약한 자에게는 힘이 되어 주시고 눈먼 이에게는 빛이 되시며,
모든 영혼들에게는 사랑의 대상이 되어 주소서.

사람을 사랑하셔서 당신의 외아들을 죽음에 부치신
영원하신 하느님,
당신 아드님의 성혈과 공로와 함께 그 성심을 보시어,
온 세상 모든 이에게 자비를 베푸시고,
그들이 지은 죄를 용서하소서.
당신을 사랑하는 저희 영혼들의 겸손한 보속을 받으시며
저희들의 노고가 당신 성자의 공로와 하나 되어
저희의 행실로써 큰 효과를 얻어 누리게 하소서.

영원하신 하느님,
세상을 불쌍히 여기시며,
아직 이 세상이 당신 의노의 때에 있지 않고
자비의 때에 있음을 잊지 마소서.

주 예수님,
사랑 자체이신 당신의 성심께 의지하여 간구하오니,
온 세계의 사제들과 선교사들뿐만 아니라
당신의 말씀을 전파할 의무를 지닌 영혼들을
당신 사랑의 불로 태우소서.
이들이 당신의 영광을 위해 많은 영혼들을

악마의 손에서 구출하도록 도와주시어,
당신 성심의 길로 들어갈 수 있도록 인도하소서.

## ✠ 예수 성심께 천하 만민을 바치는 기도

○ 지극히 어지신 구세주 예수님,
주님 앞에 꿇어 경배하오니
저희를 굽어살피소서.
● 저희는 이미 주님의 백성이오니
언제나 주님과 함께 살아가기를 바라나이다.
주님과 하나 되고자
오늘 저희를 주님의 성심께 봉헌하나이다.
○ 주님을 일찍이 알아 모시지 못한 사람도 많고
주님을 알고도 주님의 계명을 저버리고
주님을 떠난 사람도 많사오니
● 지극히 인자하신 예수님,
이런 사람들도 다 불쌍히 여기시어
주님의 성심께 이끌어 들이소서.
○ 주님께서는 목자이시니
주님을 떠나지 않은 사람들을 보살피시고

이미 주님을 떠난 사람들은
　　다시 아버지 집으로 돌아오게 하시어
　　굶어 죽는 일이 없게 하소서.
● 옹졸한 고집에 사로잡힌 사람들이나
　　불목하여 갈린 사람들도 부르시어
　　저희가 모두 같은 신앙을 고백하며
　　한 우리에서 한 목자 밑에 살게 하소서.
○ 주님, 거룩한 교회를 평화의 깃발로 세우시고
　　모든 나라에 참된 평화를 주시어
　　온 세상 어디서나 입을 모아
　　저희를 구원하신 성부와 성자와 성령께
　　영원히 찬미와 영광과 흠숭을 드리게 하소서.
◎ 아멘.
○ 예수 성심,
● 이 세상에 주님의 나라를 세우소서.

## ✠ 예수 성심께 바치는 기도

○ 지극히 어지신 구세주 예수님,
주님 앞에 꿇어
주님의 성심께 저희 성당(병원, 학교……)을 봉헌하나이다.
● 주님께서는 언제나
저희 성당(병원, 학교……)을 보살펴 주소서.
저희는 온전히 성심께 의지하고 바라오니
저희 생각과 말과 행위를
주님의 거룩하신 뜻대로 다스리소서.
○ 예수님, 저희가 하는 일에 강복하시어
기쁠 때나 슬플 때나 저희와 함께 계시는
주님의 사랑을 깊이 깨달아
언제나 주님을 사랑하며 섬기게 하소서.
● 온 세상 어디서나 모든 이가
입을 모아 예수 성심을 찬미하며
사랑과 영광을 드리게 하소서.
◎ 아멘.

## ✤ 예수 성심께 바치는 기도 (예수 성심 전교 수도회의 기도)

### 일요일: 흠숭

항상 저희 안에 살아 계신 예수 성심께
찬미와 흠숭을 드리나이다.
예수님은 은총으로 온 우주를 채우셨으니,
저희로 하여금 모든 피조물 안에서
하느님 아버지의 현존하심과
무한히 아름다움을 깨닫게 하시며,
겸손과 감사하는 마음으로
하느님 아버지를 더욱 흠숭하게 하소서.
그리고 교회의 거룩한 전례로써
사제이신 예수 성심과 함께
끊임없는 찬미와 영광을 드리게 하소서.
저희가 예수 성심과 하나되어
세상을 성화하게 하소서.

**월요일: 사랑**

항상 저희 안에 살아 계신 예수 성심께
찬미와 흠숭을 드리나이다.
예수 성심을 통하여 세상에 모습을 드러내신
하느님 아버지의 크신 사랑에 감사드리나이다.
찔리신 성심에서 흘러내리는 물과 피로
저희를 깨끗하게 하시어
거룩한 하느님의 자녀 되게 하소서.
저희로 하여금 예수 성심처럼
아낌없이 사랑하고 봉사함으로써
자신을 온전히 봉헌하게 하소서.
예수 성심의 힘으로
우리 서로 이해하고 동정하며,
겸손되이 친절하게 하시어,
저희의 생활과 사도직을 통해
이 공동체와 세상 안에
하느님의 자비와 사랑이 현존하심을
모든 이에게 전하게 하소서.

## 화요일: 감사

항상 저희 안에 살아 계신 예수 성심께
찬미와 흠숭을 드리나이다.
섭리하시는 아버지의 뜻을
항상 감사로이 받아들임으로써
예수님이 가신 순명의 길을 저희도 따르게 하시며,
저희의 고통과 죽음을 통해
주님의 파스카 신비에 깊이 참여하여
참된 생명을 얻게 하소서.
말씀과 회헌과 매일의 사건 속에서
예수 성심이 현존하시며
저희를 부르고 계심을 믿게 하소서.
순명함으로써 저희가 하느님 자녀의
참된 자유를 얻고,
아버지를 떠나 있는 이들을
예수 성심과 함께
아버지의 집으로 인도하게 하소서.

### 수요일: 청원

항상 저희 안에 살아 계신 예수 성심께
찬미와 흠숭을 드리나이다.
은총과 영원한 삶으로 저희를 부요하게 하시고자
스스로 선택하신 가난의 길을 저희도 따르게 하소서.
주님께서 주신 시간과 재능과 저희가 가진
내적 · 외적 재산을 서로 나누며
주님의 나라를 위해 저희 자신을 바치게 하소서.
또한 진실한 사랑으로
저희 공동체와 교회와 인류에게 봉사하게 하소서.
예수 성심을 통해 드러내 보이신
아버지의 자애로운 사랑에 힘입어 저희로 하여금
가난하고 고통 받는 이들과 이웃이 되게 하시고
언제나 인간의 존엄성과 권리를 존중하게 하소서.
가난의 생활을 통하여 천상의 가치를 증거하게 하시며
또한 주님의 나라가
가까이 오고 있음을 알리게 하소서.

## 목요일: 위로

항상 저희 안에 살아 계신 예수 성심께
찬미와 흠숭을 드리나이다.
봉헌된 정결의 길을 저희도 따르게 하소서.
예수 성심과 깊이 결합함으로써
예수님이 아버지께 바치신 온전한 사랑,
인류와 하느님의 놀라운 결합을
저희의 생활로 드러나게 하소서.
예수 성심과 깊이 사귐으로써
사랑과 우정을 체험하게 해 주시고,
무엇보다 말씀과 빵의 거룩한 양식을 함께 나눌 때에
이 신비를 깨닫게 해 주소서.
진실한 모성으로
예수 성심의 고통과 형제자매들의 고통을
함께 아파하며 이해할 수 있게 해 주시고
이를 위로하게 하소서.

### 금요일: 속죄

항상 저희 안에 살아 계신 예수 성심께
찬미와 흠숭을 드리나이다.
세상의 죄를 없애시고 인간을 아버지와 화해시키는
크나큰 예수 성심의 사명에 참여하게 하심을
감사드리나이다.
저희의 잘못을 용서하시고
저희의 고통을 예수 성심의 고통에 합하게 하시며,
저희가 아버지께 기쁨을 드리게 하소서.
미움이 있는 곳에 사랑을, 다툼이 있는 곳에 용서를,
분열이 있는 곳에 일치를, 의혹이 있는 곳에 신앙을,
그릇됨이 있는 곳에 진리를, 절망이 있는 곳에 희망을,
어둠 속에 빛을, 슬픔이 있는 곳에 기쁨을
가져오는 자 되게 하소서.
위로받기보다는 위로하고, 이해받기보다는 이해하며,
사랑받기보다는 사랑하게 해 주소서.
저희는 줌으로써 받고, 용서함으로써 용서받으며,
자기를 버리고 죽음으로써 영생을 얻나이다.

**토요일: 일치**

항상 저희 안에 살아 계신 예수 성심께
찬미와 흠숭을 드리나이다.
저희를 예수 성심과 결합하게 하시고,
저희 또한 서로 일치하게 하소서.
"누구든지 나를 사랑하는 사람은
내 말을 잘 지킬 것이요,
그러면 나의 아버지께서도
그를 사랑하시겠고 우리가 그에게로 가서
그와 함께 살리라."고 하신 말씀을 따라
저희 공동체가 천주 성삼의 사랑을 반영하게 하시며,
말씀과 성사와 기도로써 주님 생명이
저희 안에 더욱 자라게 하소서.
저희가 서로를 받아들이고 이해하며
서로의 짐을 져 줌으로써
예수님이 제자들을 위해 기도하실 때에
사도들과 교회에 원하셨던
그 일치의 공동체를 이루게 하소서.

**예수 성심의 저희 어머니**

예수 성심의 저희 어머니
주님께서는 당신에게 위대한 일을 행하셨나이다.
당신을 구세주의 어머니로 삼으시어
십자가에 이르기까지 주님 곁에 부르시고
부활의 영광에 참여하게 하셨나이다.
주님께서는 어머니의 기도를 들어주시오니
저희가 바치는 찬미와 감사의 기도를 전달하시어
저희가 간절히 청하는 바를 얻도록 도와주소서.
저희도 어머니처럼 당신 아드님의 사랑 안에
길이 머물도록 도우시어, 하느님 나라가 임하게 하소서.
또한 모든 이를 예수 성심에서 흘러넘치는
생명의 샘으로 인도하시어,
그곳으로부터 세상은 희망과 구원,
정의와 평화를 누리게 하소서.
자애로우신 어머니,
당신께 의탁하고 믿는 저희 모두의 마음을 굽어보시고
언제나 저희를 바른 길로 이끄시고 보살펴 주소서.

**예수 성심 기도문**

예수 성심이여
경배하나이다.
찬양하나이다.
찬미하나이다.
당신께 영광을 드리나이다.
감사하나이다.
저희 마음을 드리나이다.
봉헌하나이다.
이 마음을 받아 주소서.
온전히 가지소서.
저희 마음을 깨끗하게 하소서.
비추시고 거룩하게 하소서.
주님께서 그 안에 살으사,
영원히 다스리소서.
아멘.

## ✠ 성모 성심께 바치는 봉헌 기도

○ 어지신 어머니, 든든한 힘이신 동정녀,
하늘의 모후요 죄인의 피신처이신 성모님,
티 없이 깨끗하신 성모 성심께
저희를 봉헌하나이다.
● 저희 자신과 가진 것을 모두 바치며
온전한 사랑으로
저희 가정과 조국을 성심께 봉헌하나이다.
○ 저희 몸과 마음을 바치오니
저희 안에 있는 것, 저희 주위에 있는 것
모두 성모님의 것이 되게 하시고
저희에게는 오로지
성모님 사랑의 한몫을 나누어 주소서.
● 성모님,
이 봉헌대로 살고자
저희는 세례 때와 첫영성체 때에 한 서약을
오늘 다시 새롭게 하나이다.
○ 저희는 신앙의 진리를 언제나 용감히 고백하며
교황과 그와 결합되어 있는 주교들에게

온전히 순종하며
하느님의 계명과 교회의 법규를 충실히 지키며
특별히 주일을 거룩히 지내고
열심히 살아가며
자주 영성체할 것을 약속하나이다.
● 하느님의 영광 지극하신 어머니,
인류의 어지신 어머니,
온 마음을 바쳐 어머니를 공경하며
하늘에서와 같이 땅에서도
저희와 모든 사람의 마음과
저희 조국과 온 세계에
티 없이 깨끗하신 성심의 나라를
하루바삐 세우도록
충실히 노력할 것을 약속하나이다.
◎ 아멘.

# 부록 II
# 예수 수난 및 성심 성가 모음

# 수난 기약 다다르니

# 주 예수 바라보라

Choral-Bach
Hans Leo Hassler

# 지극한 근심에

# 한 많은 슬픔에

# 예수 마음

Trad. Melody

예 수 마 - 음   겸 손 하 신 자 여   내 마음

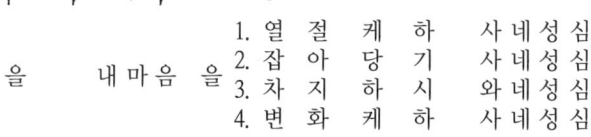

을   내 마 음 을   1. 열 절 케 하  사 네 성 심
              2. 잡 아 당 기  사 네 성 심
              3. 차 지 하 시  와 네 성 심
              4. 변 화 케 하  사 네 성 심

과   네 성 심 과   같 게 하 소 - 서
에   네 성 심 에   결 합 하 소 - 서
에   네 성 심 에   보 존 하 소 - 서
과   네 성 심 과   바 꿔 주 소 - 서

# 열절하신 주의 사랑

# 은총의 샘

# 구세주의 성심이여

# 오 거룩한 마음

# 주의 성심 홀로

# 사랑의 성심

**역자 소개**
## 이재현 요셉 신부

1909년 4대째 천주교를 믿는 집안에서 태어났다. 그는 1923년 서울 예수 성심 신학교에 입학하였고, 1936년 사제품을 받았다. 서품 후 소신학교 교사, 대신학교 교수로서 학생들을 가르쳤다. 1948년에 서울 성신 중학교 교장으로 임명되어 사제 양성에 힘썼다. 특히 그는 '예수 성심의 사도'로 알려져 있을 만큼 예수 성심을 공경하는 데 관심을 깊이 가지고 이에 관한 강론과 글을 여러 차례 발표하였다. 1950년 6월 25일 한국 전쟁이 발발한 후 신자들의 피신 권유에도 학교에 남아 있던 그는 1950년 9월 17일 피랍된 후 순교한 것으로 알려져 있다. 편저한 책으로는 《성시간을 위한 기도서》가 있다.